Ih 3
263

GOUVERNEMENT DE PARIS.
1.ʳᵉ DIVISION MILITAIRE.
ÉTAT-MAJOR GÉNÉRAL.

Au quartier général, à Paris, le 1.ᵉʳ Janvier 1806.

SERVICE DE L'ÉTAT-MAJOR GÉNÉRAL.

Du 1.ᵉʳ au 2 Janvier.

L'Officier supérieur de service à l'État-major général...............	DURAND.
Officier de santé de service à l'État-major.....................	DANTREVILLE.
Secrétaire de service à l'État-major........................	BRUNEL.

Du 2 au 3 Janvier.

Le Capitaine-Adjoint de service à l'État-major général...............	DELON.
Officier de santé de service à l'État-major.....................	POISSON.
Secrétaire de service à l'État-major........................	DUBOIS.

Rien de nouveau.

L'Officier supérieur faisant les fonctions de Chef de l'État-major général,

DEBON.

GOUVERNEMENT DE PARIS.
1.re *DIVISION MILITAIRE.*
ÉTAT-MAJOR GÉNÉRAL.

Au quartier général, à Paris, le 2 Janvier 1806.

SERVICE DE L'ÉTAT-MAJOR GÉNÉRAL.

Du 2 au 3 Janvier.

Le Capitaine-Adjoint de service à l'État-major général.................	DELON.
Officier de santé de service à l'État-major.......................	POISSON.
Secrétaire de service à l'État-major.............................	DUBOIS.

Du 3 au 4 Janvier.

Le Capitaine adjoint de service à l'État-major général.................	AUCLER.
Officier de santé de service à l'État-major.......................	DANTREVILLE.
Secrétaire de service à l'État-major.............................	CORBET.

Rien de nouveau.

L'Officier supérieur faisant les fonctions de Chef de l'État-major général,

DEBON.

C.

GOUVERNEMENT DE PARIS.

1.re DIVISION MILITAIRE.
ÉTAT-MAJOR GÉNÉRAL.

Au quartier général, à Paris, le 3 Janvier 1806.

SERVICE DE L'ÉTAT-MAJOR GÉNÉRAL.

Du 3 au 4 Janvier.

Le Capitaine adjoint de service à l'État-major général.................. AUCLER.
Officier de santé de service à l'État-major........................ DANTREVILLE.
Secrétaire de service à l'État-major............................. CORBET.

Du 4 au 5 Janvier.

L'Officier supérieur de service à l'État-major général.................. DURAND.
Officier de santé de service à l'État-major........................ POISSON.
Secrétaire de service à l'État-major............................. PAPET.

EXTRAIT des Jugemens rendus par le 2.e Conseil de guerre permanent de la 1.re Division militaire, pendant le mois de Frimaire an 14.

NUMÉROS des Jugemens.	DATES.	NOMS ET PRÉNOMS des INDIVIDUS JUGÉS.	LEUR GRADE ou PROFESSION.	LIEUX de NAISSANCE.	ANALYSE DES JUGEMENS.	
850.	16.	Joubert (Michel).......	Fusilier au premier régim.t de la Garde municipale.	Paris, départem.t de la Seine.	Convaincu de voies de fait envers son camarade, d'avoir refusé d'obéir à son caporal, et de l'avoir assassiné.	Condamné à la peine de mort.
851.	23.	Bosquet (Jean-Baptiste)..	Grenadier au 2.e régiment de la Garde de Paris.	Fontenoy, dép.t des Ardennes.	Prévenus d'assassinat envers un militaire du 1.er régiment de la même garde.	Acquittés, mis en liberté, et renvoyés à leur corps.
Idem.	Idem.	Marcereau (Pierre-Noël).	Fusilier au même corps.	Orléans, départem.t du Loiret.		
Idem.	Idem.	Dereclost (Charles - Benjamin).	Idem..........	Marenne, dép.t de la Charente inférieure.	Accusé du même délit, mais convaincu seulement d'avoir blessé grièvement ce militaire.	Condamné à six mois de prison, à dater du jour de son arrestation, à l'expiration de laquelle peine il sera mis à la disposition de l'État-major général.
852.	Idem.	Poulet (Frédéric).......	Idem..........	Landrecy, dép.t du Nord.	Convaincu de vol.....	Idem.
853.	Idem.	Beauregard (Alexandre)..	Tambour au 15.e régiment de dragons.	Soissons, dép.t de l'Aisne.	Idem............	Condamné à trois mois de prison, et ensuite mis à la disposition de l'État-major général.

Total des jugemens rendus par le 2.e Conseil de guerre permanent pendant le mois de Frimaire an 14, ci..4.

Total des individus jugés pendant le même mois par ce Conseil, ci...... { présens... 6. contumax. 0. } 6.

Pour extrait conforme aux expéditions desdits jugemens.

L'Officier supérieur faisant les fonctions de Chef de l'État-major général,

DEBON.

GOUVERNEMENT DE PARIS.
1.re *DIVISION MILITAIRE.*
ÉTAT-MAJOR GÉNÉRAL.

Au quartier général, à Paris, le 4 Janvier 1806.

SERVICE DE L'ÉTAT-MAJOR GÉNÉRAL.

Du 4 au 5 Janvier.

L'Officier supérieur de service à l'État-major général............	DURAND.
Officier de santé de service à l'État-major.......................	POISSON.
Secrétaire de service à l'État-major.............................	PAPET.

Du 5 au 6 Janvier.

Le Capitaine adjoint de service à l'État-major général............	DELON.
Officier de santé de service à l'État-major.......................	DANTREVILLE.
Secrétaire de service à l'État-major.............................	LAMOUREUX.

Rien de nouveau.

L'Officier supérieur faisant les fonctions de Chef de l'État-major général,

DEBON.

GOUVERNEMENT DE PARIS.
1.re *DIVISION MILITAIRE.*
ÉTAT-MAJOR GÉNÉRAL.

Au quartier général, à Paris, le 5 Janvier 1806.

SERVICE DE L'ÉTAT-MAJOR GÉNÉRAL.

Du 5 au 6 Janvier.

Le Capitaine-Adjoint de service à l'État-major général................	DELON.
Officier de santé de service à l'État-major.......................	DANTREVILLE.
Secrétaire de service à l'État-major.............................	LAMOUREUX.

Du 6 au 7 Janvier.

Le Capitaine-Adjoint de service à l'État-major général................	AUCLER.
Officier de santé de service à l'État-major.......................	POISSON.
Secrétaire de service à l'État-major.............................	BRUNEL.

Rien de nouveau.

L'Officier supérieur faisant les fonctions de Chef de l'État-major général,
DEBON.

GOUVERNEMENT DE PARIS.
1.re DIVISION MILITAIRE.
ÉTAT-MAJOR GÉNÉRAL.

Au quartier général, à Paris, le 6 Janvier 1806.

SERVICE DE L'ÉTAT-MAJOR GÉNÉRAL.

Du 6 au 7 Janvier.

Le Capitaine-Adjoint de service à l'État-major général...............	AUCLER.
Officier de santé de service à l'État-major........................	POISSON.
Secrétaire de service à l'État-major............................	BRUNEL.

Du 7 au 8 Janvier.

L'Officier supérieur de service à l'État-major général................	DURAND.
Officier de santé de service à l'État-major........................	DANTREVILLE.
Secrétaire de service à l'État-major............................	DUBOIS.

Rien de nouveau.

L'Officier supérieur faisant les fonctions de Chef de l'État-major général,
DEBON.

GOUVERNEMENT DE PARIS.
1.ʳᵉ *DIVISION MILITAIRE.*
ÉTAT-MAJOR GÉNÉRAL.

Au quartier général, à Paris, le 7 Janvier 1806.

SERVICE DE L'ÉTAT-MAJOR GÉNÉRAL.

Du 7 au 8 Janvier.

L'Officier supérieur de service à l'État-major général	DURAND.
Officier de santé de service à l'État-major	DANTREVILLE.
Secrétaire de service à l'État-major	DUBOIS.

Du 8 au 9 Janvier.

Le Capitaine-Adjoint de service à l'État-major général	DELON.
Officier de santé de service à l'État-major	POISSON.
Secrétaire de service à l'État-major	CORBET.

Rien de nouveau.

L'Officier supérieur faisant les fonctions de Chef de l'État-major général;
DEBON.

GOUVERNEMENT DE PARIS.
1.re DIVISION MILITAIRE.
ÉTAT-MAJOR GÉNÉRAL.

Au quartier général, à Paris, le 8 Janvier 1806.

SERVICE DE L'ÉTAT-MAJOR GÉNÉRAL.

Du 8 au 9 Janvier.

L'Officier supérieur de service à l'État-major général.	DELON.
Officier de santé de service à l'État-major	POISSON.
Secrétaire de service à l'État-major	CORBET.

Du 9 au 10 Janvier.

Le Capitaine-Adjoint de service à l'État-major général	AUCLER.
Officier de santé de service à l'État-major	DANTREVILLE.
Secrétaire de service à l'État-major	PAPET.

Rien de nouveau.

L'Officier supérieur faisant les fonctions de Chef de l'État-major général,

DEBON.

GOUVERNEMENT DE PARIS.

1.re *DIVISION MILITAIRE.*
ÉTAT-MAJOR GÉNÉRAL.

Au quartier général, à Paris, le 9 Janvier 1806.

SERVICE DE L'ÉTAT-MAJOR GÉNÉRAL.

Du 9 au 10 Janvier.

Le Capitaine-Adjoint de service à l'État-major général.............	AUCLER.
Officier de santé de service à l'État-major........................	DANTREVILLE.
Secrétaire de service à l'État-major..............................	PAPET.

Du 10 au 11 Janvier.

L'Officier supérieur de service à l'État-major général.............	DURAND.
Officier de santé de service à l'État-major........................	POISSON.
Secrétaire de service à l'État-major..............................	LAMOUREUX.

Rien de nouveau.

L'Officier supérieur faisant les fonctions de Chef de l'État-major général,

DEBON.

GOUVERNEMENT DE PARIS.

1.ʳᵉ *DIVISION MILITAIRE.*
ÉTAT-MAJOR GÉNÉRAL.

Au quartier général, à Paris, le 10 Janvier 1806.

SERVICE DE L'ÉTAT-MAJOR GÉNÉRAL.

Du 10 au 11 Janvier.

Le Capitaine-Adjoint de service à l'État-major général.	DURAND.
Officier de santé de service à l'État-major.	POISSON.
Secrétaire de service à l'État-major.	LAMOUREUX.

Du 11 au 12 Janvier.

L'Officier supérieur de service à l'État-major général.	DELON.
Officier de santé de service à l'État-major.	DANTREVILLE.
Secrétaire de service à l'État-major.	BRUNEL.

Rien de nouveau.

L'Officier supérieur faisant les fonctions de Chef de l'État-major général,
DEBON.

GOUVERNEMENT DE PARIS.
1.re *DIVISION MILITAIRE.*
ÉTAT-MAJOR GÉNÉRAL.

Au quartier général, à Paris, le 11 Janvier 1806.

SERVICE DE L'ÉTAT-MAJOR GÉNÉRAL.

Du 11 au 12 Janvier.

Le Capitaine-Adjoint de service à l'État-major général.................	DELON.
Officier de santé de service à l'État-major.......................	DANTREVILLE.
Secrétaire de service à l'État-major.............................	BRUNEL.

Du 12 au 13 Janvier.

Le Capitaine-Adjoint de service à l'État-major général................	AUCLER.
Officier de santé de service à l'État-major.......................	POISSON.
Secrétaire de service à l'État-major.............................	DUBOIS.

Rien de nouveau.

L'Officier supérieur faisant les fonctions de Chef de l'État-major général,
DEBON.

GOUVERNEMENT DE PARIS.
1.re *DIVISION MILITAIRE.*
ÉTAT-MAJOR GÉNÉRAL.

Au quartier général, à Paris, le 12 Janvier 1806.

SERVICE DE L'ÉTAT-MAJOR GÉNÉRAL.

Du 12 au 13 Janvier.

Le Capitaine-Adjoint de service à l'État-major général.	AUCLER.
Officier de santé de service à l'État-major.	POISSON.
Secrétaire de service à l'État-major.	DUBOIS.

Du 13 au 14 Janvier.

L'Officier supérieur de service à l'État-major général.	DURAND.
Officier de santé de service à l'État-major.	DANTREVILLE.
Secrétaire de service à l'État-major.	CORBET.

ORDRE GÉNÉRAL.

Le Général de Division premier Aide-de-camp de M.gr le Prince *Louis,* commandant, en l'absence de S. A. S., la première Division militaire et le Gouvernement de Paris, étant informé que souvent les billets d'hôpital, délivrés aux Militaires de la garnison, ne portent pas le signalement de l'individu, prescrit aux Chefs de Corps de veiller attentivement à ce que cette formalité ne soit jamais négligée.

Les Concierges des Maisons d'arrêts militaires, et principalement celui de Montaigu, contre lequel il a été porté plainte à ce sujet, sont personnellement responsables de l'exécution de cet ordre, dont l'inobservation a plusieurs fois occasionné l'inconvénient de ne pouvoir signaler des Militaires qui, transférés des Maisons d'arrêts aux Hôpitaux, s'en sont évadés.

Signé NOGUEZ.

Pour copie conforme :

L'Officier supérieur faisant les fonctions de Chef de l'État-major général,

DEBON.

GOUVERNEMENT DE PARIS.
1.re DIVISION MILITAIRE.
ÉTAT-MAJOR GÉNÉRAL.

Au quartier général, à Paris, le 13 Janvier 1806.

SERVICE DE L'ÉTAT-MAJOR GÉNÉRAL.

Du 13 au 14 Janvier.

L'Officier supérieur de service à l'État-major général..................	DURAND.
Officier de santé de service à l'État-major.........................	DANTREVILLE.
Secrétaire de service à l'État-major.............................	CORBET.

Du 14 au 15 Janvier.

Le Capitaine-Adjoint de service à l'État-major général................	DELON.
Officier de santé de service à l'État-major.........................	POISSON.
Secrétaire de service à l'État-major.............................	PAPET.

Rien de nouveau.

L'Officier supérieur faisant les fonctions de Chef de l'État-major général,
DEBON.

GOUVERNEMENT DE PARIS.

1.re *DIVISION MILITAIRE.*
ÉTAT-MAJOR GÉNÉRAL.

Au quartier général, à Paris, le 14 Janvier 1806.

SERVICE DE L'ÉTAT-MAJOR GÉNÉRAL.

Du 14 au 15 Janvier.

Le Capitaine-Adjoint de service à l'État-major général................. DELON.
Officier de santé de service à l'État-major....................... POISSON.
Secrétaire de service à l'État-major............................. PAPET.

Du 15 au 16 Janvier.

Le Capitaine-Adjoint de service à l'État-major général................. AUCLER.
Officier de santé de service à l'État-major....................... DANTREVILLE.
Secrétaire de service à l'État-major............................. LAMOUREUX.

Rien de nouveau.

L'Officier supérieur faisant les fonctions de Chef de l'État-major général,
DEBON.

GOUVERNEMENT DE PARIS.
1.re *DIVISION MILITAIRE.*
ÉTAT-MAJOR GÉNÉRAL.

Au quartier général, à Paris, le 15 Janvier 1806.

SERVICE DE L'ÉTAT-MAJOR GÉNÉRAL.

Du 15 au 16 Janvier.

Le Capitaine-Adjoint de service à l'État-major général..................	AUCLER.
Officier de santé de service à l'État-major........................	DANTREVILLE.
Secrétaire de service à l'État-major.............................	BRUNEL.

Du 16 au 17 Janvier.

L'Officier supérieur de service à l'État-major général..................	DURAND.
Officier de santé de service à l'État-major........................	POISSON.
Secrétaire de service à l'État-major.............................	LAMOUREUX.

Rien de nouveau.

L'Officier supérieur faisant les fonctions de Chef de l'État-major général,

DEBON.

GOUVERNEMENT DE PARIS.
1.ʳᵉ *DIVISION MILITAIRE.*
ÉTAT-MAJOR GÉNÉRAL.

Au quartier général, à Paris, le 16 Janvier 1806.

SERVICE DE L'ÉTAT-MAJOR GÉNÉRAL.

Du 16 au 17 Janvier.

L'Officier supérieur de service à l'État-major général....................	DURAND.
Officier de santé de service à l'État-major........................	POISSON.
Secrétaire de service à l'État-major............................	LAMOUREUX.

Du 17 au 18 Janvier.

Le Capitaine-Adjoint de service à l'État-major général................	DELON.
Officier de santé de service à l'État-major........................	DANTREVILLE.
Secrétaire de service à l'État-major............................	DUBOIS.

ORDRE GÉNÉRAL du 15 Janvier 1806.

Le Général de Division NOGUÈS annonce avec infiniment de plaisir à Messieurs les Généraux, Officiers supérieurs et autres, à Messieurs les Administrateurs militaires et aux troupes employées au Gouvernement de Paris et dans la première Division militaire, que sa Majesté l'Empereur et Roi, et sa Majesté l'Impératrice-Reine, ont daigné recevoir avec une extrême bonté, à Munich, l'hommage de tous les sentiments consignés dans les adresses dont Monsieur le Général César BERTHIER, Chef de l'État-major général, a été l'organe au nom de tous les militaires.

NOGUÈS, *Général de Division, commandant provisoirement le Gouvernement de Paris et la première Division militaire.*

Pour copie conforme :

L'Officier supérieur faisant les fonctions de Chef de l'État-major général,
DEBON.

GOUVERNEMENT DE PARIS.
1.re DIVISION MILITAIRE.
ÉTAT-MAJOR GÉNÉRAL.

Au quartier général, à Paris, le 17 Janvier 1806.

SERVICE DE L'ÉTAT-MAJOR GÉNÉRAL.

Du 17 au 18 Janvier.

Le Capitaine-Adjoint de service à l'État-major général..................	DELON.
Officier de santé de service à l'État-major........................	DANTREVILLE.
Secrétaire de service à l'État-major.............................	DUBOIS.

Du 18 au 19 Janvier.

Le Capitaine-Adjoint de service à l'État-major général..................	AUCLER.
Officier de santé de service à l'État-major........................	POISSON.
Secrétaire de service à l'État-major.............................	CORBET.

Rien de nouveau.

L'Officier supérieur faisant les fonctions de Chef de l'État-major général,

DEBON.

GOUVERNEMENT DE PARIS.

1.re *DIVISION MILITAIRE.*
ÉTAT-MAJOR GÉNÉRAL.

Au quartier général, à Paris, le 18 Janvier 1806.

SERVICE DE L'ÉTAT-MAJOR GÉNÉRAL.

Du 18 au 19 Janvier.

Le Capitaine-Adjoint de service à l'État-major général............	AUCLER.
Officier de santé de service à l'État-major.......................	POISSON.
Secrétaire de service à l'État-major.............................	CORBET.

Du 19 au 20 Janvier.

L'Officier supérieur de service à l'État-major général............	DURAND.
Officier de santé de service à l'État-major.......................	DANTREVILLE.
Secrétaire de service à l'État-major.............................	PAPET.

Rien de nouveau.

L'Officier supérieur faisant les fonctions de Chef de l'État-major général,

DEBON.

GOUVERNEMENT DE PARIS.
1.re *DIVISION MILITAIRE.*
ÉTAT-MAJOR GÉNÉRAL.

Au quartier général, à Paris, le 19 Janvier 1806.

SERVICE DE L'ÉTAT-MAJOR GÉNÉRAL.

Du 19 au 20 Janvier.

L'Officier supérieur de service à l'État-major général..................	DURAND.
Officier de santé de service à l'État-major.........................	DANTREVILLE.
Secrétaire de service à l'État-major...............................	PAPET.

Du 20 au 21 Janvier.

Le Capitaine-Adjoint de service à l'État-major général................	DELON.
Officier de santé de service à l'État-major.........................	POISSON.
Secrétaire de service à l'État-major...............................	LAMOUREUX.

Rien de nouveau.

L'Officier supérieur faisant les fonctions de Chef de l'État-major général,
DEBON.

GOUVERNEMENT DE PARIS.
1.re DIVISION MILITAIRE.
ÉTAT-MAJOR GÉNÉRAL.

Au quartier général, à Paris, le 20 Janvier 1806.

SERVICE DE L'ÉTAT-MAJOR GÉNÉRAL.

Du 20 au 21 Janvier.

Le Capitaine-Adjoint de service à l'État-major général.................. DELON.
Officier de santé de service à l'État-major......................... POISSON.
Secrétaire de service à l'État-major............................... LAMOUREUX.

Du 21 au 22 Janvier.

Le Capitaine-Adjoint de service à l'État-major général.................. AUCLER.
Officier de santé de service à l'État-major......................... DANTREVILLE.
Secrétaire de service à l'État-major............................... BRUNEL.

Rien de nouveau.

L'Officier supérieur faisant les fonctions de Chef de l'État-major général,

DEBON.

GOUVERNEMENT DE PARIS.

1.re DIVISION MILITAIRE.
ÉTAT-MAJOR GÉNÉRAL.

Au quartier général, à Paris, le 21 Janvier 1806.

SERVICE DE L'ÉTAT-MAJOR GÉNÉRAL.

Du 21 au 22 Janvier.

Le Capitaine-Adjoint de service à l'État-major général..................	AUCLER.
Officier de santé de service à l'État-major........................	DANTREVILLE.
Secrétaire de service à l'État-major..............................	BRUNEL.

Du 22 au 23 Janvier.

L'Officier supérieur de service à l'État-major général..................	DURAND.
Officier de santé de service à l'État-major........................	POISSON.
Secrétaire de service à l'État-major..............................	DUBOIS.

Rien de nouveau.

L'Officier supérieur faisant les fonctions de Chef de l'État-major général,

DEBON.

GOUVERNEMENT DE PARIS.
1.re DIVISION MILITAIRE.
ÉTAT-MAJOR GÉNÉRAL.

Au quartier général, à Paris, le 22 Janvier 1806.

SERVICE DE L'ÉTAT-MAJOR GÉNÉRAL.
Du 22 au 23 Janvier.

Le Capitaine-Adjoint de service à l'État-major général..................	DURAND.
Officier de santé de service à l'État-major........................	POISSON.
Secrétaire de service à l'État-major.............................	DUBOIS.

Du 23 au 24 Janvier.

L'Officier supérieur de service à l'État-major général...................	DELON.
Officier de santé de service à l'État-major........................	DANTREVILLE.
Secrétaire de service à l'État-major.............................	CORBET.

Rien de nouveau.

L'Officier supérieur faisant les fonctions de Chef de l'État-major général,

DEBON.

GOUVERNEMENT DE PARIS.
1.re *DIVISION MILITAIRE.*
ÉTAT-MAJOR GÉNÉRAL.

Au quartier général, à Paris, le 23 Janvier 1806.

SERVICE DE L'ÉTAT-MAJOR GÉNÉRAL.

Du 23 au 24 Janvier.

Le Capitaine-Adjoint de service à l'État-major général...............	DELON.
Officier de santé de service à l'État-major.........................	DANTREVILLE.
Secrétaire de service à l'État-major...............................	CORBET.

Du 24 au 25 Janvier.

L'Officier supérieur de service à l'État-major général.............	AUCLER.
Officier de santé de service à l'État-major.......................	POISSON.
Secrétaire de service à l'État-major..............................	PAPET.

Rien de nouveau.

L'Officier supérieur faisant les fonctions de Chef de l'État-major général,

DEBON.

GOUVERNEMENT DE PARIS.
1.re *DIVISION MILITAIRE.*
ÉTAT-MAJOR GÉNÉRAL.

Au quartier général, à Paris, le 24 Janvier 1806.

SERVICE DE L'ÉTAT-MAJOR GÉNÉRAL.

Du 24 au 25 Janvier.

Le Capitaine-Adjoint de service à l'État-major général..................	AUCLER.
Officier de santé de service à l'État-major..........................	POISSON.
Secrétaire de service à l'État-major................................	PAPET.

Du 25 au 26 Janvier.

L'Officier supérieur de service à l'État-major général...................	DURAND.
Officier de santé de service à l'État-major..........................	DANTREVILLE.
Secrétaire de service à l'État-major................................	LAMOUREUX.

Rien de nouveau.

L'Officier supérieur faisant les fonctions de Chef de l'État-major général,

DEBON.

GOUVERNEMENT DE PARIS.
1.re DIVISION MILITAIRE.
ÉTAT-MAJOR GÉNÉRAL.

Au quartier général, à Paris, le 26 Janvier 1806.

SERVICE DE L'ÉTAT-MAJOR GÉNÉRAL.

Du 26 au 27 Janvier.

Le Capitaine-Adjoint de service à l'État-major général.	DELON.
Officier de santé de service à l'État-major.	POISSON.
Secrétaire de service à l'État-major.	BRUNEL.

Du 27 au 28 Janvier.

Le Capitaine-Adjoint de service à l'État-major général.	AUCLER.
Officier de santé de service à l'État-major.	DANTREVILLE.
Secrétaire de service à l'État-major.	DUBOIS.

Rien de nouveau.

L'Officier supérieur faisant les fonctions de Chef de l'État-major général,

DEBON.

GOUVERNEMENT DE PARIS.
1.re DIVISION MILITAIRE.
ÉTAT-MAJOR GÉNÉRAL.

Au quartier général, à Paris, le 27 Janvier 1806.

SERVICE DE L'ÉTAT-MAJOR GÉNÉRAL.

Du 27 au 28 Janvier.

Le Capitaine-Adjoint de service à l'État-major général.................	AUCLER.
Officier de santé de service à l'État-major........................	DANTREVILLE.
Secrétaire de service à l'État-major.............................	DUBOIS.

Du 28 au 29 Janvier.

L'Officier supérieur de service à l'État-major général................	DURAND.
Officier de santé de service à l'État-major........................	POISSON.
Secrétaire de service à l'État-major.............................	CORBET.

Rien de nouveau.

L'Officier supérieur faisant les fonctions de Chef de l'État-major général,

DEBON.

GOUVERNEMENT DE PARIS.
1.re DIVISION MILITAIRE.
ÉTAT-MAJOR GÉNÉRAL.

Au quartier général, à Paris, le 28 Janvier 1806.

SERVICE DE L'ÉTAT-MAJOR GÉNÉRAL.

Du 28 au 29 Janvier.

L'Officier supérieur de service à l'État-major général....	DURAND.
Officier de santé de service à l'État-major............	POISSON.
Secrétaire de service à l'État-major..................	CORBET.

Du 29 au 30 Janvier.

Le Capitaine-Adjoint de service à l'État-major général....	DELON.
Officier de santé de service à l'État-major............	DANTREVILLE.
Secrétaire de service à l'État-major..................	PAPET.

Rien de nouveau.

Le Général de Division commandant la Garnison de Paris, faisant provisoirement les fonctions de Chef de l'État-major de la première Division militaire.

Signé BROUSSIER.

GOUVERNEMENT DE PARIS.
1.re *DIVISION MILITAIRE.*
ÉTAT-MAJOR GÉNÉRAL.

Au quartier général, à Paris, le 29 Janvier 1806.

SERVICE DE L'ÉTAT-MAJOR GÉNÉRAL.

Du 29 au 30 Janvier.

Le Capitaine-Adjoint de service à l'État-major général.................	DELON.
Officier de santé de service à l'État-major......................	DANTREVILLE.
Secrétaire de service à l'État-major..............................	PAPET.

Du 30 au 31 Janvier.

Le Capitaine-Adjoint de service à l'État-major général.................	AUCLER.
Officier de santé de service à l'État-major......................	POISSON.
Secrétaire de service à l'État-major..............................	LAMOUREUX.

Rien de nouveau.

Le Général de Division commandant la Garnison de Paris, faisant provisoirement les fonctions de Chef de l'État-major de la première Division militaire,

Signé BROUSSIER.

GOUVERNEMENT DE PARIS.
1.ʳᵉ *DIVISION MILITAIRE.*
ÉTAT-MAJOR GÉNÉRAL.

Au quartier général, à Paris, le 30 Janvier 1806.

SERVICE DE L'ÉTAT-MAJOR GÉNÉRAL.

Du 30 au 31 Janvier.

L'Officier supérieur de service à l'État-major général.................... DURAND.
Officier de santé de service à l'État-major......................... POISSON.
Secrétaire de service à l'État-major................................ LAMOUREUX.

Du 31 Janvier au 1.ᵉʳ Février.

Le Capitaine-Adjoint de service à l'État-major général................... DELON.
Officier de santé de service à l'État-major......................... DANTREVILLE.
Secrétaire de service à l'État-major................................ BRUNEL.

Rien de nouveau.

Le Général de Division commandant la Garnison de Paris, faisant provisoirement les fonctions de Chef de l'État-major de la première Division militaire,

Signé BROUSSIER.

GOUVERNEMENT DE PARIS.
1.re DIVISION MILITAIRE.
ÉTAT-MAJOR GÉNÉRAL.

Au quartier général, à Paris, le 31 Janvier 1806.

SERVICE DE L'ÉTAT-MAJOR GÉNÉRAL.

Du 31 Janvier au 1.er Février.

L'Officier supérieur de service à l'Etat-major général....................	DURAND.
Officier de santé de service à l'État-major............................	DANTREVILLE.
Secrétaire de service à l'État-major.................................	BRUNEL.

Du 1.er au 2 Février.

Le Capitaine-Adjoint de service à l'État-major général................	DELON.
Officier de santé de service à l'État-major...........................	POISSON.
Secrétaire de service à l'État-major.................................	DUBOIS.

ORDRE DU JOUR du 30 Janvier 1806.

LE Général commandant les troupes de la Garnison de Paris sera, à l'avenir, chargé du recrutement,
De la surveillance et de la distribution du casernement des troupes,
De la surveillance des prisonniers de guerre qui se trouveront dans la capitale.

Les Adjudans d'arrondissement lui adresseront tous les jours, à huit heures du matin, tous les rapports relatifs aux événemens, au service, des spectacles, de même que les rapports qu'ils adressaient au Chef de l'État-major général.

L'Adjudant-commandant *Doucet* reprendra près du Général commandant la Garnison, à dater d'aujourd'hui, les fonctions de Sous-chef d'État-major du Gouvernement de Paris; il travaillera directement avec le Général commandant la Garnison, et lui fera tous ses rapports.

L'Adjudant-commandant *Borrel* reprendra les fonctions de Président du 2.e Conseil de guerre de la 1.re Division, qu'il remplissait auparavant.

Le Prince Grand-Amiral de l'Empire, Lieutenant de sa Majesté l'Empereur et Roi, Gouverneur de Paris,

Signé MURAT.

Pour copie conforme :

Le Général de Division commandant la Garnison de Paris, faisant provisoirement les fonctions de Chef de l'État-major de la première Division militaire,

Signé BROUSSIER.

GOUVERNEMENT DE PARIS.
1.re DIVISION MILITAIRE.
ÉTAT-MAJOR GÉNÉRAL.

 Au quartier général, à Paris, le 1.er Février 1806.

SERVICE DE L'ÉTAT-MAJOR GÉNÉRAL.

Du 1.er au 2 Février.

Le Capitaine-Adjoint de service à l'État-major général................. DELON.
Officier de santé de service à l'État-major......................... POISSON.
Secrétaire de service à l'État-major............................... DUBOIS.

Du 2 au 3 Février.

Le Capitaine-Adjoint de service à l'État-major général................. AUCLER.
Officier de santé de service à l'État-major......................... DANTREVILLE.
Secrétaire de service à l'État-major............................... CORBET.

Rien de nouveau.

Le Général de Division commandant la Garnison de Paris, faisant provisoirement les fonctions de Chef de l'État-major de la première Division militaire,

Signé BROUSSIER.

GOUVERNEMENT DE PARIS.
1.re DIVISION MILITAIRE.
ÉTAT-MAJOR GÉNÉRAL.

Au quartier général, à Paris, le 2 Février 1806.

SERVICE DE L'ÉTAT-MAJOR GÉNÉRAL.

Du 2 au 3 Février.

Le Capitaine-Adjoint de service à l'Etat-major général............ Aucler.
Officier de santé de service à l'État-major......................... Dantreville.
Secrétaire de service à l'État-major............................... Corbet.

Du 3 au 4 Février.

L'Officier supérieur de service à l'État-major général............. Durand.
Officier de santé de service à l'État-major........................ Poisson.
Secrétaire de service à l'État-major............................... Papet.

Rien de nouveau.

Le Général de Division commandant la Garnison de Paris, faisant provisoirement les fonctions de Chef de l'État-major de la première Division militaire,
Signé BROUSSIER.

GOUVERNEMENT DE PARIS.
1.re DIVISION MILITAIRE.
ÉTAT-MAJOR GÉNÉRAL.

Au quartier général, à Paris, le 3 Février 1806.

SERVICE DE L'ÉTAT-MAJOR GÉNÉRAL.

Du 3 au 4 Février.

L'Officier supérieur de service à l'État-major général................	DURAND.
Officier de santé de service à l'État-major.........................	POISSON.
Secrétaire de service à l'État-major................................	PAPET.

Du 4 au 5 Février.

Le Capitaine-Adjoint de service à l'Etat-major général..............	DELON.
Officier de santé de service à l'État-major.........................	DANTREVILLE.
Secrétaire de service à l'État-major................................	LAMOUREUX.

Rien de nouveau.

Le Général de Division commandant la Garnison de Paris, faisant provisoirement les fonctions de Chef de l'État-major de la première Division militaire,

Signé BROUSSIER.

GOUVERNEMENT DE PARIS.
1.re *DIVISION MILITAIRE.*
ÉTAT-MAJOR GÉNÉRAL.

Au quartier général, à Paris, le 4 Février 1806.

SERVICE DE L'ÉTAT-MAJOR GÉNÉRAL.

Du 4 au 5 Février.

Le Capitaine-Adjoint de service à l'État-major général..................	DELON.
Officier de santé de service à l'État-major........................	DANTREVILLE.
Secrétaire de service à l'État-major.............................	LAMOUREUX.

Du 5 au 6 Février.

Le Capitaine-Adjoint de service à l'État-major général..................	AUCLER.
Officier de santé de service à l'État-major........................	POISSON.
Secrétaire de service à l'État-major.............................	BRUNEL.

Rien de nouveau.

Le Général de Division commandant la Garnison de Paris, faisant provisoirement les fonctions de Chef de l'État-major de la première Division militaire,

Signé BROUSSIER.

GOUVERNEMENT DE PARIS.
1.re DIVISION MILITAIRE.
ÉTAT-MAJOR GÉNÉRAL.

Au quartier général, à Paris, le 5 Février 1806.

SERVICE DE L'ÉTAT-MAJOR GÉNÉRAL.

Du 5 au 6 Février.

Le Capitaine-Adjoint de service à l'État-major général............	AUCLER.
Officier de santé de service à l'État-major......................	POISSON.
Secrétaire de service à l'État-major...........................	BRUNEL.

Du 6 au 7 Février.

L'Officier supérieur de service à l'Etat-major général............	DURAND.
Officier de santé de service à l'État-major......................	DANTREVILLE.
Secrétaire de service à l'État-major...........................	DUBOIS.

Rien de nouveau.

Le Général de Division commandant la Garnison de Paris, faisant provisoirement les fonctions de Chef de l'État-major de la première Division militaire,

Signé BROUSSIER.

GOUVERNEMENT DE PARIS.
1.re DIVISION MILITAIRE.
ÉTAT-MAJOR GÉNÉRAL.

Au quartier général, à Paris, le 6 Février 1806.

SERVICE DE L'ÉTAT-MAJOR GÉNÉRAL.

Du 6 au 7 Février.

L'Officier supérieur de service à l'Etat-major général.................... DURAND.
Officier de santé de service à l'État-major.......................... DANTREVILLE.
Secrétaire de service à l'État-major................................ DUBOIS.

Du 7 au 8 Février.

Le Capitaine-Adjoint de service à l'État-major général.................. DELON.
Officier de santé de service à l'État-major............................ POISSON.
Secrétaire de service à l'État-major................................. CORBET.

Rien de nouveau.

Le Général de Division commandant la Garnison de Paris, faisant provisoirement les fonctions de Chef de l'État-major de la première Division militaire,

Signé BROUSSIER.

GOUVERNEMENT DE PARIS.
1.re DIVISION MILITAIRE.
ÉTAT-MAJOR GÉNÉRAL.

Au quartier général, à Paris, le 7 Février 1806.

SERVICE DE L'ÉTAT-MAJOR GÉNÉRAL.

Du 7 au 8 Février.

L'Officier supérieur de service à l'État-major général...................... DELON.
Officier de santé de service à l'État-major............................ POISSON.
Secrétaire de service à l'État-major................................. CORBET.

Du 8 au 9 Février.

Le Capitaine-Adjoint de service à l'Etat-major général.................. AUCLER.
Officier de santé de service à l'État-major........................... DANTREVILLE.
Secrétaire de service à l'État-major................................. PAPET.

Rien de nouveau.

Le Général de Division commandant la Garnison de Paris, faisant provisoirement les fonctions de Chef de l'État-major de la première Division militaire,

Signé BROUSSIER.

GOUVERNEMENT DE PARIS.
1.re *DIVISION MILITAIRE.*
ÉTAT-MAJOR GÉNÉRAL.

Au quartier général, à Paris, le 8 Février 1806.

SERVICE DE L'ÉTAT-MAJOR GÉNÉRAL.

Du 8 au 9 Février.

Le Capitaine-Adjoint de service à l'Etat-major général............	AUCLER.
Officier de santé de service à l'État-major......................	DANTREVILLE.
Secrétaire de service à l'État-major............................	PAPET.

Du 9 au 10 Février.

Le Capitaine-Adjoint de service à l'État-major général............	DELON.
Officier de santé de service à l'État-major......................	POISSON.
Secrétaire de service à l'État-major............................	LAMOUREUX.

Rien de nouveau.

L'Adjudant-Commandant Sous-chef de l'État-major du Gouvernement de Paris,

Signé DOUCET.

GOUVERNEMENT DE PARIS.
1.re DIVISION MILITAIRE.
ÉTAT-MAJOR GÉNÉRAL.

Au quartier général, à Paris, le 9 Février 1806.

SERVICE DE L'ÉTAT-MAJOR GÉNÉRAL.

Du 9 au 10 Février.

L'Officier supérieur de service à l'État-major général...................	DURAND.
Officier de santé de service à l'État-major...........................	POISSON.
Secrétaire de service à l'État-major.................................	DUBOIS.

Du 10 au 11 Février.

Le Capitaine-Adjoint de service à l'Etat-major général.................	DELON.
Officier de santé de service à l'État-major...........................	DANTREVILLE.
Secrétaire de service à l'État-major.................................	CORBET.

Rien de nouveau.

L'Adjudant-Commandant Sous-chef de l'État-major du Gouvernement de Paris,

Signé DOUCET.

GOUVERNEMENT DE PARIS.
1.re DIVISION MILITAIRE.
ÉTAT-MAJOR GÉNÉRAL.

Au quartier général, à Paris, le 10 Février 1806.

SERVICE DE L'ÉTAT-MAJOR GÉNÉRAL.

Du 10 au 11 Février.

Le Capitaine-Adjoint de service à l'Etat-major général..................	DELON.
Officier de santé de service à l'État-major........................	DANTREVILLE.
Secrétaire de service à l'État-major................................	CORBET.

Du 11 au 12 Février.

L'Officier supérieur de service à l'État-major général...................	AUCLER.
Officier de santé de service à l'État-major........................	POISSON.
Secrétaire de service à l'État-major................................	PAPET.

ORDRE GÉNÉRAL.

Monseigneur le Prince MURAT s'est aperçu que les troupes qui circulent journellement dans Paris, n'ont pas généralement la tenue militaire qui convient au soldat Français.

S. A. S. ordonne aux chefs des Corps qui composent la Garnison de la Capitale, de tenir sévèrement la main à ce que l'inspection de propreté se fasse exactement tous les jours, et à ce qu'aucun soldat ne puisse sortir de son quartier sans être vêtu et coëfé ainsi que le prescrivent les réglemens.

S. A. S. rend les chefs de Corps personnellement responsables de toute infraction aux dispositions du présent ordre, qui sera lu, et affiché dans toutes les casernes de la Garnison.

L'Adjudant-Commandant Sous-chef de l'État-major du Gouvernement de Paris,

Signé DOUCET.

GOUVERNEMENT DE PARIS.
1.re *DIVISION MILITAIRE.*
ÉTAT-MAJOR GÉNÉRAL.

Au quartier général, à Paris, le 11 Février 1806.

SERVICE DE L'ÉTAT-MAJOR GÉNÉRAL.

Du 11 au 12 Février.

Le Capitaine-Adjoint de service à l'État-major général..................	AUCLER.
Officier de santé de service à l'État-major...........................	POISSON.
Secrétaire de service à l'État-major.................................	CORBET.

Du 12 au 13 Février.

L'Officier supérieur de service à l'État-major général....................	DURAND.
Officier de santé de service à l'État-major...........................	DANTREVILLE.
Secrétaire de service à l'État-major.................................	PAPET.

Rien de nouveau.

L'Adjudant-Commandant Sous-chef de l'État-major du Gouvernement de Paris,
Signé DOUCET.

GOUVERNEMENT DE PARIS.

1.re *DIVISION MILITAIRE.*
ÉTAT-MAJOR GÉNÉRAL.

Au quartier général, à Paris, le 12 Février 1806.

SERVICE DE L'ÉTAT-MAJOR GÉNÉRAL.

Du 12 au 13 Février.

L'Officier supérieur de service à l'Etat-major général....................	DURAND.
Officier de santé de service à l'État-major........................	DANTREVILLE.
Secrétaire de service à l'État-major.............................	PAPET.

Du 13 au 14 Février.

Le Capitaine-Adjoint de service à l'État-major général................	DELON.
Officier de santé de service à l'État-major........................	POISSON.
Secrétaire de service à l'État-major.............................	LAMOUREUX.

ORDRE GÉNÉRAL.

S. A. S. le Prince MURAT, Grand-Amiral de l'Empire, Lieutenant de Sa Majesté l'Empereur et Roi, Gouverneur de Paris, témoigne sa satisfaction sur la bonne tenue des différens corps de la Garnison qu'il a passés en revue le 10 de ce mois aux Champs-Élysées ; il recommande à MM. les Colonels et Majors de redoubler d'ardeur pour le travail de l'instruction de leurs corps respectifs, afin que, réunis lorsque le temps le permettra, ils puissent de plus en plus mériter les mêmes éloges.

Signé MURAT.

Pour copie conforme :

L'Adjudant-Commandant Sous-chef de l'État-major du Gouvernement de Paris,

Signé DOUCET.

GOUVERNEMENT DE PARIS.
1.re DIVISION MILITAIRE.
ÉTAT-MAJOR GÉNÉRAL.

Au quartier général, à Paris, le 13 Février 1806.

SERVICE DE L'ÉTAT-MAJOR GÉNÉRAL.

Du 13 au 14 Février.

Le Capitaine-Adjoint de service à l'État-major général................	DELON.
Officier de santé de service à l'État-major........................	POISSON.
Secrétaire de service à l'État-major.............................	LAMOUREUX.

Du 14 au 15 Février.

Le Capitaine-Adjoint de service à l'État-major général................	DESCOUTTES.
Officier de santé de service à l'État-major........................	DANTREVILLE.
Secrétaire de service à l'État-major.............................	DUBOIS.

ORDRE GÉNÉRAL.

Conformément aux ordres de S. A. S. Monseigneur le Prince MURAT, Grand-Amiral de l'Empire, Lieutenant de sa Majesté l'Empereur et Roi, Gouverneur de Paris, Messieurs les Officiers généraux et supérieurs arrivant à Paris par congé, permission, et pour quelque motif que ce soit, sont invités à se rendre, dans les vingt-quatre heures de leur arrivée, au quartier général, rue Neuve-des-Capucines, près la place Vendôme, à l'effet d'y faire inscrire leur nom et leur demeure.

Les Officiers de tout autre grade se rendront à l'État-major du Gouvernement de Paris, quai Voltaire, N.° 7, pour y remplir les mêmes formalités, qui sont d'autant plus indispensables, que souvent des ordres ministériels donnés à des Officiers momentanément à Paris, éprouvent du retard dans leur transmission, et par conséquent dans l'exécution, faute de connaître la demeure de ceux à qui ils sont adressés.

Lorsqu'un Officier général, supérieur ou autre, partira de Paris, il devra également en donner avis à l'État-major où il aura été enregistré en arrivant.

L'Adjudant-Commandant Sous-chef de l'État-major du Gouvernement de Paris,

DOUCET.

GOUVERNEMENT DE PARIS.
1.re DIVISION MILITAIRE.
ÉTAT-MAJOR GÉNÉRAL.

Au quartier général, à Paris, le 14 Février 1806.

SERVICE DE L'ÉTAT-MAJOR GÉNÉRAL.

Du 14 au 15 Février.

Le Capitaine-Adjoint de service à l'État-major général..................	DELON.
Officier de santé de service à l'État-major.........................	DANTREVILLE.
Secrétaire de service à l'État-major.............................	DUBOIS.

Du 15 au 16 Février.

L'Officier supérieur de service à l'État-major général..................	DURAND.
Officier de santé de service à l'État-major.........................	POISSON.
Secrétaire de service à l'État-major.............................	BRUNEL.

Rien de nouveau.

L'Adjudant-Commandant Sous-chef de l'État-major du Gouvernement de Paris,

DOUCET.

GOUVERNEMENT DE PARIS.
1.re *DIVISION MILITAIRE.*
ÉTAT-MAJOR GÉNÉRAL.

Au quartier général, à Paris, le 15 Février 1806.

SERVICE DE L'ÉTAT-MAJOR GÉNÉRAL.

Du 15 au 16 Février.

L'Officier supérieur de service à l'État-major général....................	DURAND.
Officier de santé de service à l'État-major.........................	POISSON.
Secrétaire de service à l'État-major................................	BRUNEL.

Du 16 au 17 Février.

Le Capitaine-Adjoint de service à l'État-major général...................	DESGOUTTES.
Officier de santé de service à l'État-major.........................	DANTREVILLE.
Secrétaire de service à l'État-major...............................	CORBET.

Rien de nouveau.

L'Adjudant-Commandant, Sous-chef de l'État-major du Gouvernement de Paris;

DOUCET.

GOUVERNEMENT DE PARIS.
1.re DIVISION MILITAIRE.
ÉTAT-MAJOR GÉNÉRAL.

Au quartier général, à Paris, le 16 Février 1806.

SERVICE DE L'ÉTAT-MAJOR GÉNÉRAL.

Du 16 au 17 Février.

Le Capitaine-Adjoint de service à l'État-major général................	DESGOUTTES.
Officier de santé de service à l'État-major........................	DANTREVILLE.
Secrétaire de service à l'État-major.............................	CORBET.

Du 17 au 18 Février.

Le Capitaine-Adjoint de service à l'État-major général................	DELON.
Officier de santé de service à l'État-major........................	POISSON.
Secrétaire de service à l'État-major.............................	PAPET.

Rien de nouveau.

L'Adjudant-Commandant, Sous-chef de l'État-major du Gouvernement de Paris,

DOUCET.

GOUVERNEMENT DE PARIS.
1.re *DIVISION MILITAIRE.*
ÉTAT-MAJOR GÉNÉRAL.

Au quartier général, à Paris, le 17 Février 1806.

SERVICE DE L'ÉTAT-MAJOR GÉNÉRAL.

Du 17 au 18 Février.

Le Capitaine-Adjoint de service à l'État-major général................	DELON.
Officier de santé de service à l'État-major........................	POISSON.
Secrétaire de service à l'État-major.............................	PAPET.

Du 18 au 19 Février.

L'Officier supérieur de service à l'État-major général................	DURAND.
Officier de santé de service à l'État-major........................	DANTREVILLE.
Secrétaire de service à l'État-major.............................	LAMOUREUX.

Rien de nouveau.

L'Adjudant-Commandant, Sous-chef de l'État-major du Gouvernement de Paris,
DOUCET.

GOUVERNEMENT DE PARIS.
1.re DIVISION MILITAIRE.
ÉTAT-MAJOR GÉNÉRAL.

Au quartier général, à Paris, le 18 Février 1806.

SERVICE DE L'ÉTAT-MAJOR GÉNÉRAL.

Du 18 au 19 Février.

L'Officier supérieur de service à l'État-major général..................	DURAND.
Officier de santé de service à l'État-major........................	DANTREVILLE.
Secrétaire de service à l'État-major.............................	LAMOUREUX.

Du 19 au 20 Février.

Le Capitaine-Adjoint de service à l'État-major général..................	DESGOUTTES.
Officier de santé de service à l'État-major........................	POISSON.
Secrétaire de service à l'État-major.............................	DUBOIS.

Rien de nouveau.

L'Adjudant-Commandant, Sous-chef de l'État-major du Gouvernement de Paris,

DOUCET.

GOUVERNEMENT DE PARIS.
1.re DIVISION MILITAIRE.
ÉTAT-MAJOR GÉNÉRAL.

Au quartier général, à Paris, le 19 Février 1806.

SERVICE DE L'ÉTAT-MAJOR GÉNÉRAL.

Du 19 au 20 Février.

Le Capitaine-Adjoint de service à l'État-major général......	DESGOUTTES.
Officier de santé de service à l'État-major............	POISSON.
Secrétaire de service à l'État-major............	DUBOIS.

Du 20 au 21 Février.

Le Capitaine-Adjoint de service à l'État-major général......	DELON.
Officier de santé de service à l'État-major............	DANTREVILLE.
Secrétaire de service à l'État-major............	BRUNEL.

Rien de nouveau.

L'Adjudant-Commandant, Sous-chef de l'État-major du Gouvernement de Paris;

DOUCET.

GOUVERNEMENT DE PARIS.
1.re DIVISION MILITAIRE.
ÉTAT-MAJOR GÉNÉRAL.

Au quartier général, à Paris, le 20 Février 1806.

SERVICE DE L'ÉTAT-MAJOR GÉNÉRAL.

Du 20 au 21 Février.

Le Capitaine-Adjoint de service à l'État-major général................	DELON.
Officier de santé de service à l'État-major.........................	DANTREVILLE.
Secrétaire de service à l'État-major...............................	BRUNEL.

Du 21 au 22 Février.

L'Officier supérieur de service à l'État-major général................	DURAND.
Officier de santé de service à l'État-major.........................	POISSON.
Secrétaire de service à l'État-major...............................	CORBET.

Rien de nouveau.

L'Adjudant-Commandant, Sous-chef de l'État-major du Gouvernement de Paris;

DOUCET.

GOUVERNEMENT DE PARIS.
1.re DIVISION MILITAIRE.
ÉTAT-MAJOR GÉNÉRAL.

Au quartier général, à Paris, le 21 Février 1806.

SERVICE DE L'ÉTAT-MAJOR GÉNÉRAL.

Du 21 au 22 Février.

L'Officier supérieur de service à l'État-major général...............	DURAND.
Officier de santé de service à l'État-major.......................	POISSON.
Secrétaire de service à l'État-major.............................	CORBET.

Du 22 au 23 Février.

Le Capitaine-Adjoint de service à l'État-major général............	DESGOUTTES.
Officier de santé de service à l'État-major.......................	DANTREVILLE.
Secrétaire de service à l'État-major.............................	PAPET.

Rien de nouveau.

L'Adjudant-Commandant, Sous-chef de l'État-major du Gouvernement de Paris;

DOUCET.

GOUVERNEMENT DE PARIS.
1.re *DIVISION MILITAIRE.*
ÉTAT-MAJOR GÉNÉRAL.

Au quartier général, à Paris, le 22 Février 1806.

SERVICE DE L'ÉTAT-MAJOR GÉNÉRAL.

Du 22 au 23 Février.

Le Capitaine-Adjoint de service à l'État-major général.................. DESGOUTTES.
Officier de santé de service à l'État-major......................... DANTREVILLE.
Secrétaire de service à l'État-major............................... PAPET.

Du 23 au 24 Février.

Le Capitaine-Adjoint de service à l'État-major général.................. DELON.
Officier de santé de service à l'État-major......................... POISSON.
Secrétaire de service à l'État-major............................... LAMOUREUX.

Rien de nouveau.

L'Adjudant-Commandant, Sous-chef de l'État-major du Gouvernement de Paris;

DOUCET.

GOUVERNEMENT DE PARIS.
1.re *DIVISION MILITAIRE.*
ÉTAT-MAJOR GÉNÉRAL.

Au quartier général, à Paris, le 23 Février 1806.

SERVICE DE L'ÉTAT-MAJOR GÉNÉRAL.

Du 23 au 24 Février.

Capitaine-Adjoint de service à l'État-major général................... DELON.
Officier de santé de service à l'État-major......................... POISSON.
Secrétaire de service à l'État-major............................... LAMOUREUX.

Du 24 au 25 Février.

Officier supérieur de service à l'État-major général................. DURAND.
Officier de santé de service à l'État-major......................... DANTREVILLE.
Secrétaire de service à l'État-major................................ DUBOIS.

Rien de nouveau.

L'Adjudant-Commandant, Sous-chef de l'État-major du Gouvernement de Paris;

DOUCET.

GOUVERNEMENT DE PARIS.
1.re DIVISION MILITAIRE.
ÉTAT-MAJOR GÉNÉRAL.

Au quartier général, à Paris, le 24 Février 1806.

SERVICE DE L'ÉTAT-MAJOR GÉNÉRAL.

Du 24 au 25 Février.

L'Officier supérieur de service à l'État-major général..................	DURAND.
Officier de santé de service à l'État-major........................	DANTREVILLE.
Secrétaire de service à l'État-major.............................	DUBOIS.

Du 25 au 26 Février.

Le Capitaine-Adjoint de service à l'État-major général..................	DESGOUTTES.
Officier de santé de service à l'État-major........................	POISSON.
Secrétaire de service à l'État-major.............................	BRUNEL.

Rien de nouveau.

L'Adjudant-Commandaut, Sous-chef de l'État-major du Gouvernement de Paris,

DOUCET.

GOUVERNEMENT DE PARIS.
1.re DIVISION MILITAIRE.
ÉTAT-MAJOR GÉNÉRAL.

Au quartier général, à Paris, le 25 Février 1806.

SERVICE DE L'ÉTAT-MAJOR GÉNÉRAL.

Du 25 au 26 Février.

Le Capitaine-Adjoint de service à l'État-major général.................. DESGOUTTES.
Officier de santé de service à l'État-major.......................... POISSON.
Secrétaire de service à l'État-major................................ BRUNEL.

Du 26 au 27 Février.

Le Capitaine-Adjoint de service à l'État-major général.................. DELON.
Officier de santé de service à l'État-major.......................... DANTREVILLE.
Secrétaire de service à l'État-major................................ CORBET.

Rien de nouveau.

L'Adjudant-Commandant, Sous-chef de l'État-major du Gouvernement de Paris;

DOUCET.

GOUVERNEMENT DE PARIS.

1.re *DIVISION MILITAIRE.*
ÉTAT-MAJOR GÉNÉRAL.

Au quartier général, à Paris, le 26 Février 1806.

SERVICE DE L'ÉTAT-MAJOR GÉNÉRAL.

Du 26 au 27 Février.

Le Capitaine-Adjoint de service à l'État-major général...............	DELON.
Officier de santé de service à l'État-major............................	DANTREVILLE.
Secrétaire de service à l'État-major..................................	CORBET.

Du 27 au 28 Février.

L'Officier supérieur de service à l'État-major général................	DURAND.
Officier de santé de service à l'État-major...........................	POISSON.
Secrétaire de service à l'État-major..................................	PAPET.

ORDRE GÉNÉRAL.

L'Empereur et Roi a été satisfait de la bonne tenue des troupes qui ont assisté à la parade Dimanche dernier ; mais sa Majesté a remarqué que, dans les manœuvres de l'infanterie, le pas accéléré manquait de précision, état infiniment trop court.

Les Chefs de corps s'appliqueront de suite à corriger ce défaut, en redoublant d'activité pour faire exercer leur troupe à la marche, afin que ce pas n'ait jamais moins de deux pieds, ainsi que le prescrivent les réglemens. Sa Majesté jugera, à la prochaine parade, des soins qui auront été apportés à cette partie de l'instruction.

Tous les conscrits de chaque corps qui n'étaient pas à la dernière parade, doivent paraître à celle qui aura lieu Dimanche prochain, habillés, armés et équipés. Les Chefs de corps se conformeront, à cet égard, aux intentions de sa Majesté.

L'Empereur et Roi voulant que l'instruction des troupes soit portée avec activité à sa plus grande perfection, sa Majesté a ordonné que deux des régimens qui composent la garnison de Paris seraient alternativement exempts de tout service de la place pendant huit jours, afin que, dans cet intervalle, ils puissent, sans distraction, se livrer à leurs exercices.

Dorénavant, à la parade, les bataillons arrivant sur la place par compagnies, chaque compagnie ne doit être formée que des hommes qui la composent, quel qu'en soit le nombre.

Le Prince Grand-Amiral de l'Empire, Lieutenant de sa Majesté l'Empereur et Roi, Gouverneur de Paris, recommande aux Chefs de corps la stricte exécution de toutes les dispositions du présent Ordre.

Signé MURAT.

Pour copie conforme :

L'Adjudant-Commandant, Sous-chef de l'État-major du Gouvernement de Paris,

DOUCET.

GOUVERNEMENT DE PARIS.
1.re DIVISION MILITAIRE.
ÉTAT-MAJOR GÉNÉRAL.

Au quartier général, à Paris, le 27 Février 1806.

SERVICE DE L'ÉTAT-MAJOR GÉNÉRAL.

Du 27 au 28 Février.

L'Officier supérieur de service à l'État-major général.......................	DURAND.
Officier de santé de service à l'État-major..........................	POISSON.
Secrétaire de service à l'État-major................................	PAPET.

Du 28 Février au 1.er Mars.

Le Capitaine-Adjoint de service à l'État-major général..................	DESGOUTTES.
Officier de santé de service à l'État-major...........................	DANTREVILLE.
Secrétaire de service à l'État-major.................................	LAMOUREUX.

Rien de nouveau.

L'Adjudant-Commandant, Sous-chef de l'État-major du Gouvernement de Paris,

DOUCET.

GOUVERNEMENT DE PARIS.
1.re *DIVISION MILITAIRE.*
ÉTAT-MAJOR GÉNÉRAL.

Au quartier général, à Paris, le 28 Février 1806.

SERVICE DE L'ÉTAT-MAJOR GÉNÉRAL.

Du 28 Février au 1.er Mars.

Le Capitaine-Adjoint de service à l'État-major général...............	DESGOUTTES.
Officier de santé de service à l'État-major...........................	DANTREVILLE.
Secrétaire de service à l'État-major.................................	LAMOUREUX.

Du 1.er au 2 Mars.

Le Capitaine-Adjoint de service à l'État-major général...............	DELON.
Officier de santé de service à l'État-major...........................	POISSON.
Secrétaire de service à l'État-major.................................	DUBOIS.

ORDRE GÉNÉRAL.

Il résulte du mouvement de l'hôpital du Val-de-Grace, qu'un assez grand nombre de militaires y sont morts pendant le mois de février courant.

Les Administrateurs de cet établissement, ainsi que les Officiers de santé, attribuent la cause de cette mortalité au retard apporté par les corps à l'envoi de leurs malades à l'hôpital, où ils n'arrivent que mourans ou morts.

Il est pénible d'avoir à reprocher aux Chefs des corps de la garnison de Paris, la tolérance d'un abus aussi fatal à l'humanité, et qui d'ailleurs est contraire aux réglemens, qui disent : « *Un soldat atteint de maladie grave ne peut être traité à la caserne, et les Chirurgiens-majors ne doivent point attendre qu'elle ait pris un caractère fâcheux pour diriger le malade sur les hôpitaux.* »

En remettant sous les yeux des Chefs de corps cette disposition, qui a déjà été mise à l'Ordre de la Division, S. A. S. Monseigneur le Prince MURAT leur prescrit de tenir rigoureusement la main à son exécution, et les rend responsables de toute infraction ultérieure à cette même disposition dans leurs corps respectifs.

L'Adjudant-Commandant, Sous-chef de l'État-major du Gouvernement de Paris,

DOUCET.

GOUVERNEMENT DE PARIS.
1.re DIVISION MILITAIRE.
ÉTAT-MAJOR GÉNÉRAL.

Au quartier général, à Paris, le 1.er Mars 1806.

SERVICE DE L'ÉTAT-MAJOR GÉNÉRAL.

Du 1.er au 2 Mars.

Le Capitaine-Adjoint de service à l'État-major général..................	DELON.
Officier de santé de service à l'État-major..........................	POISSON.
Secrétaire de service à l'État-major.............................	DUBOIS.

Du 2 au 3 Mars.

L'Officier supérieur de service à l'État-major général...................	DURAND.
Officier de santé de service à l'État-major..........................	DANTREVILLE.
Secrétaire de service à l'État-major.............................	BRUNEL.

ORDRE GÉNÉRAL.

L'hôpital militaire du Val-de-Grace, destiné à recevoir les fiévreux et les blessés, ne pouvant plus contenir que ces derniers, plusieurs fiévreux ont déjà été évacués sur l'hôpital militaire de Saint-Denis.

En conséquence, et d'après l'ordre de S. A. S. Monseigneur le Prince MURAT, Gouverneur de Paris, les blessés de tous les corps de la garnison de cette place et des environs, continueront à être envoyés au Val-de-Grace; mais, à compter de ce jour, les fiévreux seront dirigés sur l'hôpital de Saint-Denis, jusqu'à ce qu'il en soit autrement ordonné.

Les Chefs de corps prendront les mesures nécessaires pour que la translation de leurs malades à Saint-Denis se fasse le plus commodément possible.

L'Adjudant-Commandant, Sous-chef de l'État-major du Gouvernement de Paris,

DOUCET.

GOUVERNEMENT DE PARIS.
1.re DIVISION MILITAIRE.
ÉTAT-MAJOR GÉNÉRAL.

Au quartier général, à Paris, le 2 Mars 1806.

SERVICE DE L'ÉTAT-MAJOR GÉNÉRAL.

Du 2 au 3 Mars.

L'Officier supérieur de service à l'État-major général..................	DURAND.
Officier de santé de service à l'État-major........................	DANTREVILLE.
Secrétaire de service à l'État-major.............................	BRUNEL.

Du 3 au 4 Mars.

Le Capitaine-Adjoint de service à l'État-major général................	DESGOUTTES.
Officier de santé de service à l'État-major........................	POISSON.
Secrétaire de service à l'État-major.............................	CORBET.

ORDRE GÉNÉRAL.

Les troupes de la garnison de Paris sont prévenues que M. le Commissaire ordonnateur *Dubreton* étant rentré de l'armée du Nord, a repris, depuis hier 1.er mars, ses fonctions d'Ordonnateur de la 1.re Division militaire, que remplissait, pendant son absence, M. le Commissaire ordonnateur *Sartelon*.

L'Adjudant-Commandant, Sous-chef de l'État-major du Gouvernement de Paris,

DOUCET.

GOUVERNEMENT DE PARIS.
1.re DIVISION MILITAIRE.
ÉTAT-MAJOR GÉNÉRAL.

Au quartier général, à Paris, le 3 Mars 1806.

SERVICE DE L'ÉTAT-MAJOR GÉNÉRAL.

Du 3 au 4 Mars.

Le Capitaine-Adjoint de service à l'État-major général	DESGOUTTES.
Officier de santé de service à l'Etat-major	POISSON.
Secrétaire de service à l'État-major	CORBET.

Du 4 au 5 Mars.

Le Capitaine-Adjoint de service à l'État-major général	DELON.
Officier de santé de service à l'État-major	DANTREVILLE.
Secrétaire de service à l'État-major	PAPET.

Rien de nouveau.

L'Adjudant-Commandant, Sous-chef de l'État-major du Gouvernement de Paris;

DOUCET.

GOUVERNEMENT DE PARIS.
1.re *DIVISION MILITAIRE.*
ÉTAT-MAJOR GÉNÉRAL.

Au quartier général, à Paris, le 4 Mars 1806.

SERVICE DE L'ÉTAT-MAJOR GÉNÉRAL.

Du 4 au 5 Mars.

Le Capitaine-Adjoint de service à l'État-major général............	DELON.
Officier de santé de service à l'État-major............	DANTREVILLE.
Secrétaire de service à l'État-major............	PAPET.

Du 5 au 6 Mars.

L'Officier supérieur de service à l'État-major général............	DURAND.
Officier de santé de service à l'État-major............	POISSON.
Secrétaire de service à l'État-major............	LAMOUREUX.

Rien de nouveau.

L'Adjudant-Commandant, Sous-chef de l'État-major du Gouvernement de Paris;
DOUCET.

GOUVERNEMENT DE PARIS.
1.re DIVISION MILITAIRE.
ÉTAT-MAJOR GÉNÉRAL.

Au quartier général, à Paris, le 5 Mars 1806.

SERVICE DE L'ÉTAT-MAJOR GÉNÉRAL.

Du 5 au 6 Mars.

L'Officier supérieur de service à l'État-major général...................	DURAND.
Officier de santé de service à l'État-major.........................	POISSON.
Secrétaire de service à l'État-major................................	LAMOUREUX.

Du 6 au 7 Mars.

Le Capitaine-Adjoint de service à l'État-major général..................	DESGOUTTES.
Officier de santé de service à l'État-major...........................	DANTREVILLE.
Secrétaire de service à l'État-major.................................	DUBOIS.

Rien de nouveau.

L'Adjudant-Commandant, Sous-chef de l'État-major du Gouvernement de Paris;

DOUCET.

GOUVERNEMENT DE PARIS.
1.ʳᵉ DIVISION MILITAIRE.
ÉTAT-MAJOR GÉNÉRAL.

Au quartier général, à Paris, le 6 Mars 1806.

SERVICE DE L'ÉTAT-MAJOR GÉNÉRAL.

Du 6 au 7 Mars.

Le Capitaine-Adjoint de service à l'État-major général..................	DESGOUTTES.
Officier de santé de service à l'État-major........................	DANTREVILLE.
Secrétaire de service à l'État-major.............................	DUBOIS.

Du 7 au 8 Mars.

Le Capitaine-Adjoint de service à l'État-major général..................	DELON.
Officier de santé de service à l'État-major........................	POISSON.
Secrétaire de service à l'État-major.............................	BRUNEL.

Rien de nouveau.

L'Adjudant-Commandant, Sous-chef de l'État-major du Gouvernement de Paris;

DOUCET.

GOUVERNEMENT DE PARIS.
1.re DIVISION MILITAIRE.
ÉTAT-MAJOR GÉNÉRAL.

Au quartier général, à Paris, le 7 Mars 1806.

SERVICE DE L'ÉTAT-MAJOR GÉNÉRAL.

Du 7 au 8 Mars.

Le Capitaine-Adjoint de service à l'État-major général.................. DELON.
Officier de santé de service à l'État-major........................ POISSON.
Secrétaire de service à l'État-major................................ BRUNEL.

Du 8 au 9 Mars.

Le Capitaine-Adjoint de service à l'État-major général.................. DURAND.
Officier de santé de service à l'État-major........................ DANTREVILLE.
Secrétaire de service à l'État-major................................ CORBET.

Rien de nouveau.

L'Adjudant-Commandant, Sous-chef de l'État-major du Gouvernement de Paris;
DOUCET.

GOUVERNEMENT DE PARIS.

1.re DIVISION MILITAIRE.
ÉTAT-MAJOR GÉNÉRAL.

Au quartier général, à Paris, le 8 Mars 1806.

SERVICE DE L'ÉTAT-MAJOR GÉNÉRAL.

Du 8 au 9 Mars.

L'Officier supérieur de service à l'État-major général.................	DURAND.
Officier de santé de service à l'État-major.......................	DANTREVILLE.
Secrétaire de service à l'État-major............................	CORBET.

Du 9 au 10 Mars.

Le Capitaine-Adjoint de service à l'État-major général...............	DESGOUTTES.
Officier de santé de service à l'État-major.......................	POISSON.
Secrétaire de service à l'État-major............................	PAPET.

EXTRAIT des Jugemens rendus par le 2.e Conseil de guerre permanent de la 1.re Division militaire, pendant les dix jours de Nivôse an 14, et les mois de Janvier et Février 1806.

NUMÉROS DES JUGEMENS.	DATES.	NOMS ET PRÉNOMS des INDIVIDUS JUGÉS.	QUALITÉ MILITAIRE ou PROFESSION.	LIEUX de NAISSANCE.	ANALYSE DES JUGEMENS.	
854.	5 niv. an 14.	Distroff (Nicolas).......	Dragon au 15.e régiment.	Thionville, département de la Moselle.	Prévenu de vol avec effraction.	Acquitté, mis en liberté, et renvoyé à son Corps.
855.	9 jan. 1806.	Minot (Alexandre)......	Fusilier au 2.e régiment de la garde de Paris.	Châteaudun, départem. d'Eure-et-Loir.	Convaincu de vol d'effets appartenant à ses camarades, et d'un sabre appartenant au Régiment.	Condamné à six ans de fers et à la dégradation militaire.
856.	9 id.	Lallement (Nicolas).....	Idem.........	Châlons, départ. de la Marne.	Prévenu de vol d'effets envers un de ses camarades.	Acquitté, mis en liberté, et renvoyé à son Régiment.

TOTAL des jugemens rendus par le 2.e Conseil de guerre permanent pendant les dix jours de Nivôse an 14, et les mois de Janvier et Février 1806, ci.................................. 3.

TOTAL des individus jugés pendant ce temps par ce Conseil, ci............. {Présens.. 3.} {Contumax 0.} 3.

Pour extrait conforme aux expéditions desdits jugemens.

L'Adjudant-Commandant, Sous-chef de l'État-major du Gouvernement de Paris,

DOUCET.

GOUVERNEMENT DE PARIS.

1.re DIVISION MILITAIRE.
ÉTAT-MAJOR GÉNÉRAL.

Au quartier général, à Paris, le 9 Mars 1806.

SERVICE DE L'ÉTAT-MAJOR GÉNÉRAL.

Du 9 au 10 Mars.

Le Capitaine-Adjoint de service à l'État-major général................ DESGOUTTES.
Officier de santé de service à l'État-major......................... POISSON.
Secrétaire de service à l'État-major............................... PAPET.

Du 10 au 11 Mars.

Le Capitaine-Adjoint de service à l'État-major général................ DELON.
Officier de santé de service à l'État-major......................... DANTREVILLE.
Secrétaire de service à l'État-major............................... LAMOUREUX.

Rien de nouveau.

L'Adjudant-Commandant, Sous-chef de l'État-major du Gouvernement de Paris,
DOUCET.

GOUVERNEMENT DE PARIS.
1.re *DIVISION MILITAIRE.*
ÉTAT-MAJOR GÉNÉRAL.

Au quartier général, à Paris, le 10 Mars 1806.

SERVICE DE L'ÉTAT-MAJOR GÉNÉRAL.

Du 10 au 11 Mars.

Capitaine-Adjoint de service à l'État-major général................	DESGOUTTES.
Officier de santé de service à l'État-major.........................	DANTREVILLE.
Secrétaire de service à l'État-major................................	LAMOUREUX.

Du 11 au 12 Mars.

Officier supérieur de service à l'État-major général................	DURAND.
Officier de santé de service à l'État-major.........................	POISSON.
Secrétaire de service à l'État-major................................	DUBOIS.

Rien de nouveau.

L'Adjudant-Commandant, Sous-chef de l'État-major du Gouvernement de Paris,

DOUCET.

GOUVERNEMENT DE PARIS.
1.re DIVISION MILITAIRE.
ÉTAT-MAJOR GÉNÉRAL.

Au quartier général, à Paris, le 11 Mars 1806.

SERVICE DE L'ÉTAT-MAJOR GÉNÉRAL.

Du 11 au 12 Mars.

Le Capitaine-Adjoint de service à l'État-major général	DELON.
Officier de santé de service à l'État-major	POISSON.
Secrétaire de service à l'État-major	DUBOIS.

Du 12 au 13 Mars.

L'Officier supérieur de service à l'État-major général	DURAND.
Officier de santé de service à l'État-major	DANTREVILLE.
Secrétaire de service à l'État-major	BRUNEL.

Rien de nouveau.

L'Adjudant-Commandant, Sous-chef de l'État-major du Gouvernement de Paris,

DOUCET.

GOUVERNEMENT DE PARIS.
1.re DIVISION MILITAIRE.
ÉTAT-MAJOR GÉNÉRAL.

Au quartier général, à Paris, le 12 Mars 1806.

SERVICE DE L'ÉTAT-MAJOR GÉNÉRAL.

Du 12 au 13 Mars.

L'Officier supérieur de service à l'État-major général................... DURAND.
Officier de santé de service à l'État-major......................... DANTREVILLE.
Secrétaire de service à l'État-major............................... BRUNEL.

Du 13 au 14 Mars.

Le Capitaine-Adjoint de service à l'État-major général................ DELON.
Officier de santé de service à l'État-major......................... POISSON.
Secrétaire de service à l'État-major............................... CORBET.

Rien de nouveau.

L'Adjudant-Commandant, Sous-chef de l'État-major du Gouvernement de Paris;
DOUCET.

GOUVERNEMENT DE PARIS.
1.re DIVISION MILITAIRE.
ÉTAT-MAJOR GÉNÉRAL.

Au quartier général, à Paris, le 13 Mars 1806.

SERVICE DE L'ÉTAT-MAJOR GÉNÉRAL.

Du 13 au 14 Mars.

Le Capitaine-Adjoint de service à l'État-major général...............	DESGOUTTES.
Officier de santé de service à l'État-major.......................	POISSON.
Secrétaire de service à l'État-major.............................	CORBET.

Du 14 au 15 Mars.

Le Capitaine-Adjoint de service à l'État-major général...............	DELON.
Officier de santé de service à l'État-major.......................	DANTREVILLE.
Secrétaire de service à l'État-major.............................	PAPET.

Rien de nouveau.

L'Adjudant-Commandant, Sous-chef de l'État-major du Gouvernement de Paris,

DOUCET.

GOUVERNEMENT DE PARIS.
1.re *DIVISION MILITAIRE.*
ÉTAT-MAJOR GÉNÉRAL.

Au quartier général, à Paris, le 14 Mars 1806.

SERVICE DE L'ÉTAT-MAJOR GÉNÉRAL.

Du 14 au 15 Mars.

Le Capitaine-Adjoint de service à l'État-major général.................. DELON.
Officier de santé de service à l'État-major............................ DANTREVILLE.
Secrétaire de service à l'État-major................................... PAPET.

Du 15 au 16 Mars.

L'Officier supérieur de service à l'État-major général................. DURAND.
Officier de santé de service à l'État-major........................... POISSON.
Secrétaire de service à l'État-major................................... LAMOUREUX.

ORDRE GÉNÉRAL du 13 Mars.

Les troupes de la garnison de Paris et celles de la première Division militaire, sont prévenues que, dès aujourd'hui, le Prince LOUIS-NAPOLÉON, Connétable, a momentanément le commandement du Gouvernement de Paris et de la Division.

Le Général de division *Noguès* remplira provisoirement les fonctions de Chef de l'État-major général du Gouvernement de Paris et de la première Division militaire.

L'Adjudant-commandant, Sous-chef de l'État-major général du Gouvernement de Paris et de la première Division militaire,

DOUCET.

GOUVERNEMENT DE PARIS.
1.re *DIVISION MILITAIRE.*
ÉTAT-MAJOR GÉNÉRAL.

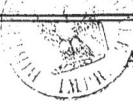 Au quartier général, à Paris, le 15 Mars 1806.

SERVICE DE L'ÉTAT-MAJOR GÉNÉRAL.

Du 15 au 16 Mars.

L'Officier supérieur de service à l'État-major général.............	DURAND.
Officier de santé de service à l'État-major.......................	POISSON.
Secrétaire de service à l'État-major.............................	LAMOUREUX.

Du 16 au 17 Mars.

Le Capitaine-Adjoint de service à l'État-major général............	DESGOUTTES.
Officier de santé de service à l'État-major.......................	DANTREVILLE.
Secrétaire de service à l'État-major.............................	DESMOULINS.

ORDRE DU JOUR du 14 Mars.

Il y aura parade aux Tuileries après demain, dimanche.
   Chaque régiment formera trois bataillons.
   Les vétérans, et le régiment de la garde de Paris qui n'a pas paru à la dernière parade, feront le service de la Place ;
   L'autre aura ses deux bataillons à la parade.
   Les Capitaines de tous ces corps auront le contrôle de leur compagnie, et se prépareront à répondre à toutes les questions que l'Empereur leur fera : ils se rappelleront que sa Majesté entre dans les plus grands détails.
   Les Colonels pour leur régiment, et les Capitaines pour leur compagnie, doivent savoir, à un homme près et sans se tromper, leur effectif, les absens, les présens sous les armes, les malades aux hôpitaux, à la chambre : ils doivent de même répondre à toutes les questions relatives à l'habillement, à l'instruction et au service ; c'est le seul moyen de prouver qu'ils s'occupent de leur métier et le remplissent avec zèle. Tous les hommes, sans exception, devront se rendre à la parade.
   Les troupes devant être à midi aux Tuileries, seront réunies sur la place de la Concorde à onze heures, d'où elles partiront réunies, après avoir passé l'inspection.

Signé LOUIS NAPOLÉON, *Connétable, commandant provisoirement le Gouvernement de Paris et la première Division militaire.*

Pour copie conforme :

Le Général de Division faisant provisoirement les fonctions de Chef de l'État-major général du Gouvernement de Paris et de la première Division militaire,

NOGUÈS.

GOUVERNEMENT DE PARIS.
1.ʳᵉ *DIVISION MILITAIRE.*
ÉTAT-MAJOR GÉNÉRAL.

Au quartier général, à Paris, le 16 Mars 1806.

SERVICE DE L'ÉTAT-MAJOR GÉNÉRAL.
Du 16 au 17 Mars.

Le Capitaine-Adjoint de service à l'État-major général.................	DESGOUTTES.
Officier de santé de service à l'État-major.........................	DANTREVILLE.
Secrétaire de service à l'État-major...............................	DESMOULINS.

Du 17 au 18 Mars.

Le Capitaine-Adjoint de service à l'État-major général.................	DELON.
Officier de santé de service à l'État-major.........................	POISSON.
Secrétaire de service à l'État-major...............................	DAMÉCOURT jeune.

Rien de nouveau.

Le Général de Division faisant provisoirement les fonctions de Chef de l'État-major général du Gouvernement de Paris et de la première Division militaire,

NOGUÈS.

GOUVERNEMENT DE PARIS.
1.re DIVISION MILITAIRE.
ÉTAT-MAJOR GÉNÉRAL.

Au quartier général, à Paris, le 17 Mars 1806.

SERVICE DE L'ÉTAT-MAJOR GÉNÉRAL.
Du 17 au 18 Mars.

Capitaine-Adjoint de service à l'État-major général............... DELON.
ficier de santé de service à l'État-major....................... POISSON.
crétaire de service à l'État-major............................. BRUNEL.

Du 18 au 19 Mars.

Capitaine-Adjoint de service à l'État-major général............... DURAND.
ficier de santé de service à l'État-major....................... DANTREVILLE.
crétaire de service à l'État-major............................. CORBET.

Rien de nouveau.

Le général de Division,

NOGUES.

GOUVERNEMENT DE PARIS.
1.re DIVISION MILITAIRE.
ÉTAT-MAJOR GÉNÉRAL.

Au quartier général, à Paris, le 18 Mars 1806.

SERVICE DE L'ÉTAT-MAJOR GÉNÉRAL.

Du 18 au 19 Mars.

Le Capitaine-Adjoint de service à l'État-major général............	DURAND.
Officier de santé de service à l'État-major......................	DANTREVILLE.
Secrétaire de service à l'État-major............................	CORBET.

Du 19 au 20 Mars.

Le Capitaine-Adjoint de service à l'État-major général............	DESGOUTTES.
Officier de santé de service à l'État-major......................	POISSON.
Secrétaire de service à l'État-major............................	PAPET.

Rien de nouveau.

Le général de Division,

NOGUÈS.

GOUVERNEMENT DE PARIS.
1.ʳᵉ *DIVISION MILITAIRE.*
ÉTAT-MAJOR GÉNÉRAL.

Au quartier général, à Paris, le 19 Mars 1806.

SERVICE DE L'ÉTAT-MAJOR GÉNÉRAL.

Du 19 au 20 Mars.

Le Capitaine-Adjoint de service à l'État-major général.................	DESGOUTTES.
Officier de santé de service à l'État-major..........................	POISSON.
Secrétaire de service à l'État-major.................................	PAPET.

Du 20 au 21 Mars.

Le Capitaine-Adjoint de service à l'État-major général.................	DELON.
Officier de santé de service à l'État-major..........................	DANTREVILLE.
Secrétaire de service à l'État-major.................................	LAMOUREUX.

Rien de nouveau.

Le général de Division,

NOGUÈS.

GOUVERNEMENT DE PARIS.
1.re DIVISION MILITAIRE.
ÉTAT-MAJOR GÉNÉRAL.

Au quartier général, à Paris, le 20 Mars 1806.

SERVICE DE L'ÉTAT-MAJOR GÉNÉRAL.

Du 20 au 21 Mars.

Le Capitaine-Adjoint de service à l'État-major général.................	DELON.
Officier de santé de service à l'État-major......................	DANTREVILLE.
Secrétaire de service à l'État-major............................	LAMOUREUX.

Du 21 au 22 Mars.

Le Capitaine-Adjoint de service à l'État-major général.................	DURAND.
Officier de santé de service à l'État-major......................	POISSON.
Secrétaire de service à l'État-major............................	DESMOULINS.

Rien de nouveau.

Le général de Division,
NOGUÈS.

GOUVERNEMENT DE PARIS.
1.re DIVISION MILITAIRE.
ÉTAT-MAJOR GÉNÉRAL.

Au quartier général, à Paris, le 21 Mars 1806.

SERVICE DE L'ÉTAT-MAJOR GÉNÉRAL.

Du 21 au 22 Mars.

Le Capitaine-Adjoint de service à l'État-major général.	DURAND.
Officier de santé de service à l'État-major.	POISSON.
Secrétaire de service à l'État-major.	DESMOULINS.

Du 22 au 23 Mars.

Le Capitaine-Adjoint de service à l'État-major général.	DESGOUTTES.
Officier de santé de service à l'État-major.	DANTREVILLE.
Secrétaire de service à l'État-major.	BRUNEL.

Rien de nouveau.

Le général de Division,

NOGUÈS.

GOUVERNEMENT DE PARIS.

1.re *DIVISION MILITAIRE.*
ÉTAT-MAJOR GÉNÉRAL.

Au quartier général, à Paris, le 22 Mars 1806.

SERVICE DE L'ÉTAT-MAJOR GÉNÉRAL.

Du 22 au 23 Mars.

Le Capitaine-Adjoint de service à l'État-major général	DESGOUTTES.
Officier de santé de service à l'État-major	DANTREVILLE.
Secrétaire de service à l'État-major	CORBET.

Du 23 au 24 Mars.

Le Capitaine-Adjoint de service à l'État-major général	DELON.
Officier de santé de service à l'État-major	POISSON.
Secrétaire de service à l'État-major	PAPET.

Rien de nouveau.

Le général de Division,

NOGUÈS.

GOUVERNEMENT DE PARIS.
1.ʳᵉ *DIVISION MILITAIRE.*
ÉTAT-MAJOR GÉNÉRAL.

Au quartier général, à Paris, le 23 Mars 1806.

SERVICE DE L'ÉTAT-MAJOR GÉNÉRAL.

Du 23 au 24 Mars.

Capitaine-Adjoint de service à l'État-major général................	DELON.
Officier de santé de service à l'État-major........................	POISSON.
Secrétaire de service à l'État-major.............................	PAPET.

Du 24 au 25 Mars.

Officier supérieur de service à l'État-major général................	DURAND.
Officier de santé de service à l'État-major........................	DANTREVILLE.
Secrétaire de service à l'État-major.............................	LAMOUREUX.

Rien de nouveau.

Le général de Division,

NOGUÈS.

GOUVERNEMENT DE PARIS.
1.re DIVISION MILITAIRE.
ÉTAT-MAJOR GÉNÉRAL.

Au quartier général, à Paris, le 24 Mars 1806.

SERVICE DE L'ÉTAT-MAJOR GÉNÉRAL.

Du 24 au 25 Mars.

L'Officier supérieur de service à l'État-major général................... DURAND.
Officier de santé de service à l'État-major........................ DANTREVILLE.
Secrétaire de service à l'État-major............................... LAMOUREUX.

Du 25 au 26 Mars.

Le Capitaine-Adjoint de service à l'État-major général................ DESGOUTTES.
Officier de santé de service à l'État-major........................ POISSON.
Secrétaire de service à l'État-major............................... BRUNEL.

Rien de nouveau.

Le général de Division,
NOGUÈS.

GOUVERNEMENT DE PARIS.
1.re DIVISION MILITAIRE.
ÉTAT-MAJOR GÉNÉRAL.

Au quartier général, à Paris, le 25 Mars 1806.

SERVICE DE L'ÉTAT-MAJOR GÉNÉRAL.

Du 25 au 26 Mars.

Le Capitaine-Adjoint de service à l'État-major général............	DESGOUTTES.
Officier de santé de service à l'État-major.......................	POISSON.
Secrétaire de service à l'État-major.............................	BRUNEL.

Du 26 au 27 Mars.

Le Capitaine-Adjoint de service à l'État-major général............	DELON.
Officier de santé de service à l'État-major.......................	DANTREVILLE.
Secrétaire de service à l'État-major.............................	CORBET.

Rien de nouveau.

Le Général de Division,

NOGUÈS.

GOUVERNEMENT DE PARIS.
1.re DIVISION MILITAIRE.
ÉTAT-MAJOR GÉNÉRAL.

Au quartier général, à Paris, le 26 Mars 1806.

SERVICE DE L'ÉTAT-MAJOR GÉNÉRAL.

Du 26 au 27 Mars.

Le Capitaine-Adjoint de service à l'État-major général................ DELON.
Officier de santé de service à l'État-major......................... DANTREVILLE.
Secrétaire de service à l'État-major................................ PAPET.

Du 27 au 28 Mars.

L'Officier supérieur adjoint de service à l'État-major général............ DURAND.
Officier de santé de service à l'État-major......................... POISSON.
Secrétaire de service à l'État-major................................ CORBET.

Rien de nouveau.

Le Général de Division,
NOGUÈS.

GOUVERNEMENT DE PARIS.
1.re DIVISION MILITAIRE.
ÉTAT-MAJOR GÉNÉRAL.

Au quartier général, à Paris, le 27 Mars 1806.

SERVICE DE L'ÉTAT-MAJOR GÉNÉRAL.

Du 27 au 28 Mars.

L'Officier supérieur adjoint de service à l'État-major général............	DURAND.
Officier de santé de service à l'État-major........................	POISSON.
Secrétaire de service à l'État-major.............................	CORBET.

Du 28 au 29 Mars.

Le Capitaine-Adjoint de service à l'État-major général................	DESGOUTTES.
Officier de santé de service à l'État-major.........................	DANTREVILLE.
Secrétaire de service à l'État-major.............................	PAPET.

Rien de nouveau.

Le Général de Division,
NOGUÈS.

GOUVERNEMENT DE PARIS.

1.re *DIVISION MILITAIRE.*
ÉTAT-MAJOR GÉNÉRAL.

Au quartier général, à Paris, le 28 Mars 1806.

SERVICE DE L'ÉTAT-MAJOR GÉNÉRAL.

Du 28 au 29 Mars.

Le Capitaine-Adjoint de service à l'État-major général............	DESGOUTTES.
Officier de santé de service à l'État-major........................	DANTREVILLE.
Secrétaire de service à l'État-major...............................	PAPET.

Du 29 au 30 Mars.

Le Capitaine-Adjoint de service à l'État-major général............	DELON.
Officier de santé de service à l'État-major........................	POISSON.
Secrétaire de service à l'État-major...............................	LAMOUREUX.

Rien de nouveau.

Le Général de Division,

NOGUÈS.

GOUVERNEMENT DE PARIS.
1.re DIVISION MILITAIRE.
ÉTAT-MAJOR GÉNÉRAL.

Au quartier général, à Paris, le 29 Mars 1806.

SERVICE DE L'ÉTAT-MAJOR GÉNÉRAL.

Du 29 au 30 Mars.

Le Capitaine-Adjoint de service à l'État-major général...............	DELON.
Officier de santé de service à l'État-major........................	POISSON.
Secrétaire de service à l'État-major.............................	LAMOUREUX.

Du 30 au 31 Mars.

L'Officier supérieur adjoint de service à l'État-major général............	DURAND.
Officier de santé de service à l'État-major........................	DANTREVILLE.
Secrétaire de service à l'État-major.............................	BRUNEL.

Rien de nouveau.

Le Général de Division,
NOGUÈS.

GOUVERNEMENT DE PARIS.
1.re *DIVISION MILITAIRE.*
ÉTAT-MAJOR GÉNÉRAL.

Au quartier général, à Paris, le 30 Mars 1806.

SERVICE DE L'ÉTAT-MAJOR GÉNÉRAL.

Du 30 au 31 Mars.

L'Officier supérieur adjoint de service à l'État-major général	DURAND.
Officier de santé de service à l'État-major	DANTREVILLE.
Secrétaire de service à l'État-major	DESMOULINS.

Du 31 Mars au 1.er Avril.

Le Capitaine-Adjoint de service à l'État-major général	DESGOUTTES.
Officier de santé de service à l'État-major	POISSON.
Secrétaire de service à l'État-major	BRUNEL.

Rien de nouveau.

Le Général de Division,
NOGUÈS.

GOUVERNEMENT DE PARIS.
1.re DIVISION MILITAIRE.
ÉTAT-MAJOR GÉNÉRAL.

Au quartier général, à Paris, le 31 Mars 1806.

SERVICE DE L'ÉTAT-MAJOR GÉNÉRAL.

Du 31 Mars au 1.er Avril.

Le Capitaine-Adjoint de service à l'État-major général............	DESGOUTTES.
Officier de santé de service à l'État-major......................	POISSON.
Secrétaire de service à l'État-major............................	BRUNEL.

Du 1.er au 2 Avril.

Le Capitaine-Adjoint de service à l'État-major général............	DELON.
Officier de santé de service à l'État-major......................	DANTREVILLE.
Secrétaire de service à l'État-major............................	CORBET.

Rien de nouveau.

Le Général de Division,
NOGUÈS.

GOUVERNEMENT DE PARIS.
1.re *DIVISION MILITAIRE.*
ÉTAT-MAJOR GÉNÉRAL.

Au quartier général, à Paris, le 1.er Avril 1806.

SERVICE DE L'ÉTAT-MAJOR GÉNÉRAL.

Du 1.er au 2 Avril.

Le Capitaine-Adjoint de service à l'État-major général................	DELON.
Officier de santé de service à l'État-major.........................	DANTREVILLE.
Secrétaire de service à l'État-major...............................	CORBET.

Du 2 au 3 Avril.

L'Officier supérieur de service à l'État-major général...............	DURAND.
Officier de santé de service à l'État-major.........................	POISSON.
Secrétaire de service à l'État-major...............................	PAPET.

Rien de nouveau.

Le Général de Division,

NOGUÈS.

GOUVERNEMENT DE PARIS.
1.re *DIVISION MILITAIRE.*
ÉTAT-MAJOR GÉNÉRAL.

Au quartier général, à Paris, le 2 Avril 1806.

SERVICE DE L'ÉTAT-MAJOR GÉNÉRAL.

Du 2 au 3 Avril.

L'Officier supérieur de service à l'État-major général................. DURAND.
Officier de santé de service à l'État-major......................... POISSON.
Secrétaire de service à l'État-major.............................. BRUNEL.

Du 3 au 4 Avril.

Le Capitaine-Adjoint de service à l'État-major général................ DESGOUTTES.
Officier de santé de service à l'État-major......................... DANTREVILLE.
Secrétaire de service à l'État-major.............................. LAMOUREUX.

Rien de nouveau.

Le Général de Division,

NOGUÈS.

GOUVERNEMENT DE PARIS.

1.re DIVISION MILITAIRE.
ÉTAT-MAJOR GÉNÉRAL.

Au quartier général, à Paris, le 3 Avril 1806.

SERVICE DE L'ÉTAT-MAJOR GÉNÉRAL.

Du 3 au 4 Avril.

Le Capitaine-Adjoint de service à l'État-major général...............	DESGOUTTES.
Officier de santé de service à l'État-major..........................	DANTREVILLE.
Secrétaire de service à l'État-major................................	LAMOUREUX.

Du 4 au 5 Avril.

Le Capitaine-Adjoint de service à l'État-major général...............	DELON.
Officier de santé de service à l'État-major..........................	POISSON.
Secrétaire de service à l'État-major................................	DESMOULINS.

ORDRE GÉNÉRAL.

Nouvelle répartition du service entre Messieurs les Commissaires des Guerres employés à Paris.

MESSIEURS.		DOMICILES.
LEFEBVRE-MONTABON.	L'État-Major.. Les fonctions de Commissaire impérial près le Conseil de révision. L'Hôpital militaire de Saint-Denis.................................... Les détails relatifs au matériel des troupes................. L'Artillerie.. La Gendarmerie.. Les Maisons d'arrêt militaires.. Les Transports directs.. Le Casernement des Troupes...	A l'État-major, rue Neuve des Capucines.
FRADIEL............	Les Routes.. Les Convois militaires.. La Caserne *Rousselet*... L'Hôpital du Val-de-Grâce.. Le Magasin central des Hôpitaux.................................... Le Dépôt central des médicamens...................................	Rue S.-Dominique, maison S.-Joseph.
LE PELLETIER.......	La Solde de retraite.. Traitement de réforme... Les Subsistances militaires.. Le Magasin d'habillement et campement............................. Les Transports de l'intérieur de la place.............................. Le chauffage et éclairage des corps-de-garde.........................	Idem.

ARRÊTÉ le présent État de Répartition, par nous Commissaire ordonnateur de la 1.re Division militaire. Paris, le 1.er Avril 1806.

Le Général de Division,

NOGUÈS.

GOUVERNEMENT DE PARIS.

1.re *DIVISION MILITAIRE.*
ÉTAT-MAJOR GÉNÉRAL.

Au quartier général, à Paris, le 4 Avril 1806.

SERVICE DE L'ÉTAT-MAJOR GÉNÉRAL.

Du 4 au 5 Avril.

Le Capitaine-Adjoint de service à l'État-major général.................	DELON.
Officier de santé de service à l'État-major.........................	POISSON.
Secrétaire de service à l'État-major...............................	DESMOULINS.

Du 5 au 6 Avril.

L'Officier supérieur de service à l'État-major général.................	DURAND.
Officier de santé de service à l'État-major.........................	DANTREVILLE.
Secrétaire de service à l'État-major...............................	BRUNEL.

EXTRAIT des Jugemens rendus par le 1.er Conseil de guerre permanent de la 1.re Division militaire, pendant le mois de Mars 1806.

NUMÉROS DES JUGEMENS	DATES	NOMS ET PRÉNOMS des INDIVIDUS JUGÉS.	QUALITÉ MILITAIRE ou PROFESSION.	LIEUX de NAISSANCE.	ANALYSE DES JUGEMENS.	
1863.	3. Mars.	Devilaine (Jean-B.te)....	Soldat au 1.er régiment de la garde de Paris.	Saumier, département de Maine-et-Loire.	Accusé de vol.	Acquitté de cette accusation, mais condamné à huit jours de prison par forme de discipline, pour avoir manqué à son service.
1864.	idem.	Chaperon (P.re-Aug.in)..	Dragon de la garde municipale de Paris.	Bayeux, département du Calvados.	Accusé d'avoir violé le secret d'une lettre adressée à son colonel.	Acquitté, mis en liberté, et renvoyé à son Corps pour y continuer son service.
1865.	idem.	Gosset (Jacq.t) dit Goujon.	Soldat au 1.er régiment de la garde de Paris.	Belleville, département de la Seine.	Convaincu de vol dans une maison garnie.	Condamné à un an de prison et à la restitution du prix de l'objet volé; mis, à l'expiration de cette peine, à la disposition de S. Exc. le ministre de la guerre.
		Babœur (Joseph)........	Idem	Nancy, département de la Meurthe.	Convaincu de complicité du même délit.	

NUMÉROS des Jugemens.	DATES.	NOMS ET PRÉNOMS des INDIVIDUS JUGÉS.	LEUR GRADE, ou PROFESSION.	LIEUX de NAISSANCE.	ANALYSE DES JUGEMENS.	
1866.	13. Mars.	Coignard (L.-François)..	Soldat au 2.e régiment de la garde de Paris.	Versailles, département de Seine-et-Oise.	Convaincu de s'être fait inscrire sous un faux nom sur les contrôles du corps, et de s'être servi, à cet effet, d'un congé délivré à au nommé *Lecocq*.	Condamné à cinq années de fers et à la dégradation militaire.
1867.	idem.	Lemoine (Ch.les-Quentin).	Canonnier déserteur du 1.er régiment d'artillerie à pied.	Tergnier, département de l'Aisne.	Accusé d'être porteur et de s'être servi de faux papiers.	Acquitté des accusations de faux, mais renvoyé devant un conseil de guerre spécial, pour le crime de désertion dont il reste prévenu.
1868.	idem.	Cardeilhac (Antoine)....	Ex-maréchal-des-logis au 18.e régiment de dragons.	Tarbes, département des Hautes-Pyrénées.	Accusé de vol.	Renvoyé devant M. le procureur général impérial près la cour de justice criminelle du département de la Seine.
1869.	idem.	Bidan (Michel).........	Caporal au 10.e régiment de vétérans.	Thiers, département du Puy-de-Dôme.	Accusé d'avoir, en désertant, emporté l'argent de l'ordinaire de son détachement.	Acquitté et renvoyé à son corps pour y continuer son service.

TOTAL des jugemens rendus par le 1.er Conseil de guerre permanent pendant le mois de Mars 1806, ci .... 7.

TOTAL des individus jugés pendant ce temps par ce Conseil, ci .... {Présens.. 8. Contumax 0.} 8.

Pour extrait conforme aux expéditions desdits jugemens.

Le Général de Division,

NOGUÈS.

GOUVERNEMENT DE PARIS.
1.re *DIVISION MILITAIRE.*
ÉTAT-MAJOR GÉNÉRAL.

Au quartier général, à Paris, le 5 Avril 1806.

SERVICE DE L'ÉTAT-MAJOR GÉNÉRAL.

Du 5 au 6 Avril.

L'Officier supérieur de service à l'État-major général..................	Durand.
Officier de santé de service à l'État-major........................	Dantreville.
Secrétaire de service à l'État-major.............................	Brunel.

Du 6 au 7 Avril.

Le Capitaine-Adjoint de service à l'État-major général.................	Desgouttes.
Officier de santé de service à l'État-major........................	Poisson.
Secrétaire de service à l'État-major.............................	Corbet.

Rien de nouveau.

Le Général de Division,
NOGUÈS.

GOUVERNEMENT DE PARIS.
1.ʳᵉ *DIVISION MILITAIRE.*
ÉTAT-MAJOR GÉNÉRAL.

Au quartier général, à Paris, le 6 Avril 1806.

SERVICE DE L'ÉTAT-MAJOR GÉNÉRAL.

Du 6 au 7 Avril.

L'Officier supérieur de service à l'État-major général.................... DEBON.
Officier de santé de service à l'État-major......................... POISSON.
Secrétaire de service à l'État-major............................. CORBET.

Du 7 au 8 Avril.

Officier de santé de service à l'État-major......................... DANTREVILLE.
Secrétaire de service à l'État-major............................. PAPET.

Rien de nouveau.

Le Général de Division,

NOGUÈS.

GOUVERNEMENT DE PARIS.
1.re *DIVISION MILITAIRE.*
ÉTAT-MAJOR GÉNÉRAL.

Au quartier général, à Paris, le 7 Avril 1806.

SERVICE DE L'ÉTAT-MAJOR GÉNÉRAL.
Du 7 au 8 Avril.

L'Officier supérieur de service à l'État-major général.................. DURAND.
Officier de santé de service à l'État-major........................ DANTREVILLE.
Secrétaire de service à l'État-major............................. PAPET.

EXTRAIT des Jugemens rendus par le 2.e Conseil de guerre permanent de la 1.re Division militaire, pendant le mois de Mars 1806.

NUMÉROS des Jugemens.	DATES.	NOMS ET PRÉNOMS des INDIVIDUS JUGÉS.	QUALITÉ MILITAIRE ou PROFESSION.	LIEUX de NAISSANCE.	ANALYSE DES JUGEMENS.	
857.	18.	Briot *(Jean)*............	Chasseur au 2.e régiment d'infanterie légère.	Saint-Pierre-du-Mont, départ.t de la Nièvre.	Prévenu de vol......	Acquitté ; mais attendu qu'il s'est permis de ne pas remettre sur le champ, et dès la première réclamation, les objets qu'il avait trouvés, condamné à garder prison pendant un mois ; renvoyé ensuite à son corps.
858.	18.	Barbier *(Étienne)*.......	Caporal à la 10.e demi-brigade de vétérans.	Mortery, canton de Provins, départ.t de Seine-et-Marne.	Accusé d'avoir diverti une somme de 52.l 20.e appartenant à l'ordinaire de ses camarades.	Déclaré non coupable d'avoir volé une somme d'argent appartenant à l'escouade dont il est caporal, mais coupable d'avoir commis un abus de confiance en faisant usage d'une somme d'argent dont il devait rendre compte aux vétérans de son escouade à la fin du mois, et condamné, par voie de discipline militaire, à 3 mois de prison et au remboursement envers les vétérans qui composent ladite escouade, de la somme de 30.f 93.c dont il reste encore redevable. A l'expiration de sa peine renvoyé à son corps pour y continuer son service.
859.	18.	Rafflin *(François-Michel)*.	Soldat au 2.e régiment de la garde de Paris.	Pantin, départ.t de la Seine.	Convaincu de s'être fait inscrire sous un faux nom sur les contrôles du corps.	Condamné à cinq ans de fers et à la dégradition militaire.

Total des jugemens rendus par le 2.e Conseil de guerre permanent pendant le mois de Mars 1806, ci. 3.

Total des individus jugés pendant ce temps par ce Conseil, ci.......... { présens... 3. } 3.
{ contumax. 0. }

Pour extrait conforme aux expéditions desdits jugemens.

Le Général de Division,

NOGUÈS.

GOUVERNEMENT DE PARIS.
1.re *DIVISION MILITAIRE.*
ÉTAT-MAJOR GÉNÉRAL.

Au quartier général, à Paris, le 8 Avril 1806.

SERVICE DE L'ÉTAT-MAJOR GÉNÉRAL.

Du 8 au 9 Avril.

L'Officier supérieur de service à l'État-major général................... DEBON.
Officier de santé de service à l'État-major......................... POISSON.
Secrétaire de service à l'État-major............................... LAMOUREUX.

ORDRE GÉNÉRAL.

D'après la lettre de S. E. M. le Grand-Chancelier de la Légion d'honneur, MM. les Commandans, Officiers et Membres de ladite Légion, sont prévenus que la décoration de cette Légion, tant celle d'or que celle d'argent, ne sera donnée dorénavant par sa Majesté, ou envoyée en son nom, que surmontée d'une couronne impériale du même métal que la décoration.

Les Membres de la Légion d'honneur qui ont déjà reçu leur aigle, peuvent continuer de le porter tel qu'il leur a été donné par l'Empereur et Roi, ou transmis au nom de sa Majesté.

Ils peuvent aussi faire ajouter la couronne impériale à leur décoration actuelle, en observant qu'elle soit du même métal que celle qu'ils portent.

Le Général de Division,

NOGUÈS.

GOUVERNEMENT DE PARIS.
1.re DIVISION MILITAIRE.
ÉTAT-MAJOR GÉNÉRAL.

Au quartier général, à Paris, le 9 Avril 1806.

SERVICE DE L'ÉTAT-MAJOR GÉNÉRAL.

Du 9 au 10 Avril.

L'Officier supérieur de service à l'État-major............... DURAND.
Officier de santé de service à l'État-major..................... DANTREVILLE.
Secrétaire de service à l'État-major............................. DESMOULINS.

Rien de nouveau.

Le Général de Division,

NOGUÈS.

GOUVERNEMENT DE PARIS.
1.re DIVISION MILITAIRE.
ÉTAT-MAJOR GÉNÉRAL.

Au quartier général, à Paris, le 10 Avril 1806.

SERVICE DE L'ÉTAT-MAJOR GÉNÉRAL.

Du 10 au 11 Avril.

L'Officier supérieur de service à l'État-major général.................. DEBON.
Officier de santé de service à l'État-major........................ POISSON.
Secrétaire de service à l'État-major............................... BRUNEL.

Rien de nouveau.

Le Général de Division,
NOGUÈS.

GOUVERNEMENT DE PARIS.
1.re *DIVISION MILITAIRE.*
ÉTAT-MAJOR GÉNÉRAL.

Au quartier général, à Paris, le 11 Avril 1806.

SERVICE DE L'ÉTAT-MAJOR GÉNÉRAL.

Du 11 au 12 Avril.

L'Officier supérieur de service à l'État-major général.................... DURAND.
Officier de santé de service à l'État-major......................... DANTREVILLE.
Secrétaire de service à l'État-major............................... CORBET.

Rien de nouveau.

Le Général de Division,
NOGUÈS.

GOUVERNEMENT DE PARIS.
1.re *DIVISION MILITAIRE.*
ÉTAT-MAJOR GÉNÉRAL.

Au quartier général, à Paris, le 12 Avril 1806.

SERVICE DE L'ÉTAT-MAJOR GÉNÉRAL.

Du 12 au 13 Avril.

L'Officier supérieur de service à l'État-major général.................. DEBON.
Officier de santé de service à l'État-major......................... POISSON.
Secrétaire de service à l'État-major.............................. PAPET.

Rien de nouveau.

Le Général de Division,
NOGUÈS.

GOUVERNEMENT DE PARIS.
1.ʳᵉ *DIVISION MILITAIRE.*
ÉTAT-MAJOR GÉNÉRAL.

Au quartier général, à Paris, le 13 Avril 1806.

SERVICE DE L'ÉTAT-MAJOR GÉNÉRAL.
Du 13 au 14 Avril.

L'Officier supérieur de service à l'État-major général.................. Durand.
Officier de santé de service à l'État-major........................ Dantreville.
Secrétaire de service à l'État-major............................. Lamoureux.

Rien de nouveau.

Le Général de Division,
NOGUÈS.

GOUVERNEMENT DE PARIS.
1.ᵣₑ DIVISION MILITAIRE.
ÉTAT-MAJOR GÉNÉRAL.

Au quartier général, à Paris, le 14 Avril 1806.

SERVICE DE L'ÉTAT-MAJOR GÉNÉRAL.

Du 14 au 15 Avril.

L'Officier supérieur de service à l'État-major général.................. DEBON.
Officier de santé de service à l'État-major........................... POISSON.
Secrétaire de service à l'État-major................................. DESMOULINS.

Rien de nouveau.

Le Général de Division,

NOGUÈS.

GOUVERNEMENT DE PARIS
DIVISION MILITAIRE.
ÉTAT-MAJOR GÉNÉRAL.

GOUVERNEMENT DE PARIS.
1.re DIVISION MILITAIRE.
ÉTAT-MAJOR GÉNÉRAL.

Au quartier général, à Paris, le 15 Avril 1806.

SERVICE DE L'ÉTAT-MAJOR GÉNÉRAL.

Du 15 au 16 Avril.

L'Officier supérieur de service à l'État-major général................... DURAND.
Officier de santé de service à l'État-major....................... DANTREVILLE.
Secrétaire de service à l'État-major................................ BRUNEL.

Rien de nouveau.

Le Général de Division,
NOGUÈS.

GOUVERNEMENT DE PARIS.
1.ʳᵉ DIVISION MILITAIRE.
ÉTAT-MAJOR GÉNÉRAL.

Au quartier général, à Paris, le 16 Avril 1806.

SERVICE DE L'ÉTAT-MAJOR GÉNÉRAL.

Du 16 au 17 Avril.

L'Officier supérieur de service à l'État-major général.................. DEBON.
Officier de santé de service à l'État-major......................... POISSON.
Secrétaire de service à l'État-major............................... CORBET.

Rien de nouveau.

Le Général de Division,
NOGUÈS.

GOUVERNEMENT DE PARIS.
1.re DIVISION MILITAIRE.
ÉTAT-MAJOR GÉNÉRAL.

Au quartier général, à Paris, le 17 Avril 1806.

SERVICE DE L'ÉTAT-MAJOR GÉNÉRAL.

Du 17 au 18 Avril.

L'Officier supérieur de service à l'État-major général.................... DURAND.
Officier de santé de service à l'État-major......................... DANTREVILLE.
Secrétaire de service à l'État-major................................. BRUNEL.

Rien de nouveau.

Le Général de Division,
NOGUÈS.

GOUVERNEMENT DE PARIS.
1.re DIVISION MILITAIRE.
ÉTAT-MAJOR GÉNÉRAL.

Au quartier général, à Paris, le 18 Avril 1806.

SERVICE DE L'ÉTAT-MAJOR GÉNÉRAL.

Du 18 au 19 Avril.

L'Officier supérieur de service à l'État-major général................ DEBON.
Officier de santé de service à l'État-major...................... POISSON.
Secrétaire de service à l'État-major............................. LAMOUREUX.

ORDRE GÉNÉRAL.

L'époque de l'ouverture de l'Hôpital militaire de Bourbonne-les-Bains étant fixée du 10 au 20 Mai prochain, les militaires que leurs infirmités peuvent mettre dans le cas d'être envoyés cette année aux Eaux minérales, doivent passer à la visite. A cet effet, ceux faisant partie de la garnison de Paris devront s'adresser au Commissaire des guerres *Lefebvre-Montabon*, au Quartier-général, rue Neuve-des-Capucines; et ceux faisant partie des Corps employés dans les départemens qui composent la 1.re Division militaire, s'adresseront au Commissaire des guerres employé dans chacun de ces départemens.

MM. les Chefs des Corps dans lesquels il se trouve des militaires auxquels l'usage des eaux est reconnu nécessaire cette année, doivent les envoyer à la visite avant l'époque déterminée pour le départ.

Le Général de Division,

NOGUÈS.

GOUVERNEMENT DE PARIS.
1.re DIVISION MILITAIRE.
ÉTAT-MAJOR GÉNÉRAL.

Au quartier général, à Paris, le 19 Avril 1806.

SERVICE DE L'ÉTAT-MAJOR GÉNÉRAL.

Du 19 au 20 Avril.

L'Officier supérieur de service à l'État-major général................. DURAND.
Officier de santé de service à l'État-major......................... DANTREVILLE.
Secrétaire de service à l'État-major............................... DESMOULINS.

Rien de nouveau.

Le Général de Division,
NOGUÈS.

GOUVERNEMENT DE PARIS.
1.re DIVISION MILITAIRE.
ÉTAT-MAJOR GÉNÉRAL.

Au quartier général, à Paris, le 20 Avril 1806.

SERVICE DE L'ÉTAT-MAJOR GÉNÉRAL.

Du 20 au 21 Avril.

L'Officier supérieur de service à l'État-major général................. DEBON.
Officier de santé de service à l'État-major....................... POISSON.
Secrétaire de service à l'État-major............................. DESMOULINS.

Rien de nouveau.

Le Général de Division,
NOGUÈS.

GOUVERNEMENT DE PARIS.
1.re DIVISION MILITAIRE.
ÉTAT-MAJOR GÉNÉRAL.

Au quartier général, à Paris, le 21 Avril 1806.

SERVICE DE L'ÉTAT-MAJOR GÉNÉRAL.

Du 21 au 22 Avril.

L'Officier supérieur de service à l'État-major général................. DURAND.
Officier de santé de service à l'État-major....................... DANTREVILLE.
Secrétaire de service à l'État-major............................. CORBET.

Rien de nouveau.

Le Général de Division,
NOGUÈS.

GOUVERNEMENT DE PARIS.
1.re DIVISION MILITAIRE.
ÉTAT-MAJOR GÉNÉRAL.

Au quartier général, à Paris, le 22 Avril 1806.

SERVICE DE L'ÉTAT-MAJOR GÉNÉRAL.
Du 22 au 23 Avril.

L'Officier supérieur de service à l'État-major général.................. DEBON.
Officier de santé de service à l'État-major........................ POISSON.
Secrétaire de service à l'État-major............................. PAPET.

Rien de nouveau.

Le Général de Division,
NOGUÈS.

GOUVERNEMENT DE PARIS.
1.ʳᵉ DIVISION MILITAIRE.
ÉTAT-MAJOR GÉNÉRAL.

Au quartier général, à Paris, le 23 Avril 1806.

SERVICE DE L'ÉTAT-MAJOR GÉNÉRAL.

Du 23 au 24 Avril.

L'Officier supérieur de service à l'État-major général................. DURAND.
Officier de santé de service à l'État-major....................... DANTREVILLE.
Secrétaire de service à l'État-major............................. LAMOUREUX.

Rien de nouveau.

Le Général de Division,
NOGUÈS.

GOUVERNEMENT DE PARIS.
1.re *DIVISION MILITAIRE.*
ÉTAT-MAJOR GÉNÉRAL.

Au quartier général, à Paris, le 24 Avril 1806.

SERVICE DE L'ÉTAT-MAJOR GÉNÉRAL.

Du 24 au 25 Avril.

L'Officier supérieur de service à l'État-major général................. DEBON.
Officier de santé de service à l'État-major....................... POISSON.
Secrétaire de service à l'État-major............................. DESMOULINS.

Rien de nouveau.

Le Général de Division,
NOGUÈS.

GOUVERNEMENT DE PARIS.
1.re *DIVISION MILITAIRE.*
ÉTAT-MAJOR GÉNÉRAL.

Au quartier général, à Paris, le 25 Avril 1806.

SERVICE DE L'ÉTAT-MAJOR GÉNÉRAL.

Du 25 au 26 Avril.

L'Officier supérieur de service à l'État-major général................. DURAND.
Officier de santé de service à l'État-major....................... DANTREVILLE.
Secrétaire de service à l'État-major............................. BRUNEL.

Rien de nouveau.

Le Général de Division,
NOGUÈS.

GOUVERNEMENT DE PARIS.
1.re DIVISION MILITAIRE.
ÉTAT-MAJOR GÉNÉRAL.

Au quartier général, à Paris, le 26 Avril 1806.

SERVICE DE L'ÉTAT-MAJOR GÉNÉRAL.

Du 26 au 27 Avril.

Officier supérieur de service à l'État-major général................... DEBON.
Officier de santé de service à l'État-major......................... POISSON.
Secrétaire de service à l'État-major............................... CORBET.

Rien de nouveau.

Le Général de Division,
NOGUÈS.

GOUVERNEMENT DE PARIS.
1.re DIVISION MILITAIRE.
ÉTAT-MAJOR GÉNÉRAL.

Au quartier général, à Paris, le 27 Avril 1806.

SERVICE DE L'ÉTAT-MAJOR GÉNÉRAL.

Du 27 au 28 Avril.

L'Officier supérieur de service à l'État-major général.................. DURAND.
Officier de santé de service à l'État-major....................... DANTREVILLE.
Secrétaire de service à l'État-major............................. PAPET.

Rien de nouveau.

Le Général de Division,
NOGUÈS.

GOUVERNEMENT DE PARIS.

1.re DIVISION MILITAIRE.
ÉTAT-MAJOR GÉNÉRAL.

Au quartier général, à Paris, le 28 Avril 1806.

SERVICE DE L'ÉTAT-MAJOR GÉNÉRAL.

Du 28 au 29 Avril.

L'Officier supérieur de service à l'État-major général................. DEBON.
Officier de santé de service à l'État-major......................... POISSON.
Secrétaire de service à l'État-major................................ LAMOUREUX.

Rien de nouveau.

Le Général de Division,
NOGUÈS.

GOUVERNEMENT DE PARIS.
1.re DIVISION MILITAIRE.
ÉTAT-MAJOR GÉNÉRAL.

Au quartier général, à Paris, le 29 Avril 1806.

SERVICE DE L'ÉTAT-MAJOR GÉNÉRAL.

Du 29 au 30 Avril.

L'Officier supérieur de service à l'État-major général................. DURAND.
Officier de santé de service à l'État-major....................... DANTREVILLE.
Secrétaire de service à l'État-major............................ DESMOULINS.

Rien de nouveau.

Le Général de Division,

NOGUÈS.

GOUVERNEMENT DE PARIS.
1.re *DIVISION MILITAIRE.*
ÉTAT-MAJOR GÉNÉRAL.

Au quartier général, à Paris, le 30 Avril 1806.

SERVICE DE L'ÉTAT-MAJOR GÉNÉRAL.

Du 30 Avril au 1.er Mai.

L'Officier supérieur de service à l'État-major général................. DEBON.
Officier de santé de service à l'État-major......................... POISSON.
Secrétaire de service à l'État-major................................ BRUNEL.

Rien de nouveau.

Le Général de Division,
NOGUÈS.

GOUVERNEMENT DE PARIS.

1.re DIVISION MILITAIRE.
ÉTAT-MAJOR GÉNÉRAL.

Au quartier général, à Paris, le 1.er Mai 1806.

SERVICE DE L'ÉTAT-MAJOR GÉNÉRAL.

Du 1.er au 2 Mai.

L'Officier supérieur de service à l'État-major général................... DURAND.
Officier de santé de service à l'État-major......................... DANTREVILLE.
Secrétaire de service à l'État-major............................... CORBET.

ORDRE GÉNÉRAL.

D'après les ordres de S. E. le Ministre-directeur de l'Administration de la guerre, les Militaires destinés à aller aux Eaux seront divisés en deux parties, l'une partant dans le courant de Mai, et l'autre dans le courant de Juillet prochain.

En conséquence les Chefs des Corps qui composent la garnison de Paris, sont prévenus que la visite des Militaires devant partir pour les Eaux de Bourbonne-les-Bains, aura lieu au Val-de-Grâce, où ils doivent être envoyés, le 10 du courant, et que le départ de ces Militaires est fixé au 19 du même mois à six heures du matin.

Ce premier envoi devra se composer des malades pour qui l'usage des eaux est d'une nécessité plus urgente.

Le Général de Division,

NOGUÈS.

GOUVERNEMENT DE PARIS.
1.re DIVISION MILITAIRE.
ÉTAT-MAJOR GÉNÉRAL.

Au quartier général, à Paris, le 2 Mai 1806.

SERVICE DE L'ÉTAT-MAJOR GÉNÉRAL.

Du 2 au 3 Mai.

L'Officier supérieur de service à l'État-major général................. DEBON.
Officier de santé de service à l'État-major......................... POISSON.
Secrétaire de service à l'État-major............................... PAPET.

Rien de nouveau.

Le Général de Division,
NOGUÈS.

GOUVERNEMENT DE PARIS.
1.re DIVISION MILITAIRE.
ÉTAT-MAJOR GÉNÉRAL.

Au quartier général, à Paris, le 3 Mai 1806.

SERVICE DE L'ÉTAT-MAJOR GÉNÉRAL.

Du 3 au 4 Mai.

L'Officier supérieur de service à l'État-major général.................	DURAND.
Officier de santé de service à l'État-major........................	DANTREVILLE.
Secrétaire de service à l'État-major.............................	LAMOUREUX.

Rien de nouveau.

Le Général de Division,
NOGUÈS.

GOUVERNEMENT DE PARIS.
1.re *DIVISION MILITAIRE.*
ÉTAT-MAJOR GÉNÉRAL.

Au quartier général, à Paris, le 4 Mai 1806.

SERVICE DE L'ÉTAT-MAJOR GÉNÉRAL.

Du 4 au 5 Mai.

L'Officier supérieur de service à l'État-major général................... DEBON.
Officier de santé de service à l'État-major......................... POISSON.
Secrétaire de service à l'État-major................................. DESMOULINS.

ORDRE GÉNÉRAL du 3 Mai.

Il y aura inspection demain 4 Mai, à dix heures du matin, sur la Place Vendôme. Les Troupes de la garnison y seront dans la meilleure tenue militaire possible.

Le Général de Division,
NOGUÈS.

GOUVERNEMENT DE PARIS.
1.re *DIVISION MILITAIRE.*
ÉTAT-MAJOR GÉNÉRAL.

Au quartier général, à Paris, le 5 Mai 1806.

SERVICE DE L'ÉTAT-MAJOR GÉNÉRAL.

Du 5 au 6 Mai.

L'Officier supérieur de service à l'État-major général.................. DURAND.
Officier de santé de service à l'État-major....................... DANTREVILLE.
Secrétaire de service à l'Etat-major............................... BRUNEL.

Rien de nouveau.

Le Général de Division,
NOGUÈS.

GOUVERNEMENT DE PARIS.
1.re *DIVISION MILITAIRE.*
ÉTAT-MAJOR GÉNÉRAL.

Au quartier général, à Paris, le 6 Mai 1806.

SERVICE DE L'ÉTAT-MAJOR GÉNÉRAL.

Du 6 au 7 Mai.

L'Officier supérieur de service à l'État-major général................... DEBON.
Officier de santé de service à l'État-major......................... POISSON.
Secrétaire de service à l'État-major............................... CORBET.

Rien de nouveau.

Le Général de Division,
NOGUÈS.

GOUVERNEMENT DE PARIS.
1.ʳᵉ *DIVISION MILITAIRE.*
ÉTAT-MAJOR GÉNÉRAL.

Au quartier général, à Paris, le 7 Mai 1806.

SERVICE DE L'ÉTAT-MAJOR GÉNÉRAL.
Du 7 au 8 Mai.

L'Officier supérieur de service à l'État-major général.................. DURAND.
Officier de santé de service à l'État-major......................... DANTREVILLE.
Secrétaire de service à l'État-major................................ PAPET.

Rien de nouveau.

Le Général de Division,

NOGUÈS.

GOUVERNEMENT DE PARIS.
1.re *DIVISION MILITAIRE.*
ÉTAT-MAJOR GÉNÉRAL.

Au quartier général, à Paris, le 8 Mai 1806.

SERVICE DE L'ÉTAT-MAJOR GÉNÉRAL.
Du 8 au 9 Mai.

L'Officier supérieur de service à l'État-major général................... DEBON.
Officier de santé de service à l'État-major........................ POISSON.
Secrétaire de service à l'État-major............................. LAMOUREUX.

DEUXIÈME CONSEIL DE GUERRE PERMANENT.

Cejourd'hui trois du mois de mai mil huit cent six,

Nous, *Borrel*, Adjudant-commandant, Officier de la légion d'honneur, Président;

Vu les pièces de la procédure relative au nommé *Jean-Pierre Prieur*, Adjudant des équipages militaires, âgé de trente-huit ans, natif de Villeraudé, département de Seine-et-Marne, taille d'un mètre sept cent soixante-dix millimètres, cheveux et sourcils châtains, front moyen, yeux bleus, nez bien fait, bouche moyenne, menton rond, visage plein, traduit au deuxième Conseil de guerre permanent, comme prévenu de malversation dans l'exercice des fonctions de Recruteur dont il a été chargé, et d'escroqueries;

Vu l'acte d'appel en justice, en date du 24 avril dernier;

Ordonnons, en vertu de l'article 462 de la loi du 3 brumaire an 4, que perquisition sera faite de la personne dudit *Jean-Pierre Prieur*;

MANDONS et ordonnons de mettre la présente à exécution, laquelle, conformément à l'article 463 de ladite loi, sera publiée et affichée, tant au domicile présumé du contumax, qu'à la porte de l'auditoire du Conseil;

Ordonnons en outre que copie d'icelle sera transmise à M. le Général Chef de l'État-major général, à l'effet de la rendre publique par la voie de l'Ordre général de la Division, ainsi qu'au Commandant de la Gendarmerie nationale à Villeraudé, département de Seine-et-Marne.

Chargeons M. *Vantage*, Substitut du Rapporteur, de surveiller l'exécution de la présente dans tout son contenu.

Ainsi ordonné, à Paris, les jour, mois et an que dessus, sous notre seing, et scellé. *Signé* J. B. BORREL.

Pour copie conforme :

Le Rapporteur du deuxième Conseil de guerre, signé VANTAGE.

Le Général de Division,

NOGUÈS.

GOUVERNEMENT DE PARIS.
1.re DIVISION MILITAIRE.
ÉTAT-MAJOR GÉNÉRAL.

Au quartier général, à Paris, le 9 Mai 1806.

SERVICE DE L'ÉTAT-MAJOR GÉNÉRAL.

Du 9 au 10 Mai.

L'Officier supérieur de service à l'État-major général................. DURAND.
Officier de santé de service à l'État-major....................... DANTREVILLE.
Secrétaire de service à l'État-major............................. DESMOULINS.

Rien de nouveau.

Le Général de Division,
NOGUÈS.

GOUVERNEMENT DE PARIS.
1.re DIVISION MILITAIRE.
ÉTAT-MAJOR GÉNÉRAL.

Au quartier général, à Paris, le 10 Mai 1806.

SERVICE DE L'ÉTAT-MAJOR GÉNÉRAL.
Du 10 au 11 Mai.

L'Officier supérieur de service à l'État-major général.................. DEBON.
Officier de santé de service à l'État-major......................... POISSON.
Secrétaire de service à l'État-major............................ BRUNEL.

Premier Supplément à l'Ordre général du 10 Mai 1806.

EXTRAIT des Jugemens rendus par le 1.er Conseil de guerre permanent de la 1.re Division militaire, pendant le mois d'Avril 1806.

NUMÉROS des Jugemens.	DATES.	NOMS ET PRÉNOMS des INDIVIDUS JUGÉS.	QUALITÉ MILITAIRE ou PROFESSION.	LIEUX de NAISSANCE.	ANALYSE DES JUGEMENS.	
1870.	19.	Quevauvillers, Jean-Baptiste)	Dragon au 1.er régiment.	Tournay, dép.t de Jemmape.	Convaincu de vol d'argent appartenant à un de ses camarades.	Condamné à 6 ans de fers et à la dégradation militaire.
1871.	Idem.	Oudot (Maurice)........	Grenadier au 2.e rég.t de la Garde de Paris.	Saule, dép.t de la Haute-Marne.	Accusé d'insubordination et de voie de fait envers ses supérieurs.	Acquitté ; mais attendu qu'il a manqué au respect dû a ses chefs, condamné, par forme de discipline militaire, à garder prison pendant une année, et renvoyé ensuite à son corps.
1872.	26.	Rafflin (François-Michel).	Soldat au même corps.	Pantin, dép.t de la Seine.	Accusé de s'être fait inscrire sous un faux nom sur les contrôles du 2.e régiment de la Garde de Paris.	Acquitté de ce délit, mais renvoyé devant la cour de justice criminelle de la Seine, comme prévenu de complicité de vol avec effraction.
1873.	Idem.	Choppart (Gilbert).....	Grenadier au 1.er rég.t de la Garde de Paris.	Paris.	Convaincu de vol d'effets appartenant à un de ses camarades ; ledit vol commis avec préméditation, effraction, la nuit, et dans une maison habitée.	Condamné à douze ans de fers et à la dégradation militaire.
1874.	Idem.	Gentot (Joseph)......... (contumax)	Caporal au 86.e régiment.	Sick, dép.t de la Moselle.	Convaincu d'avoir emporté l'argent de l'ordinaire de ses camarades.	Condamné à six ans de fers et à la dégradation militaire.

Total des jugemens rendus par le 1.er Conseil de guerre permanent pendant le mois d'avril 1806, ci. 5.
Total des individus jugés pendant le même mois par ce Conseil, ci...... { présens 4. } 5.
{ contumax 1. }

Pour extraits conformes aux expéditions desdits jugemens.

Le Général de Division,

NOGUÈS.

Deuxième Supplément à l'Ordre général du 10 Mai 1806.

EXTRAIT des Jugemens rendus par le 2.ᵉ Conseil de guerre permanent de la 1.ʳᵉ Division militaire, pendant le mois d'Avril 1806.

NUMÉROS DES JUGEMENS.	DATES.	NOMS ET PRÉNOMS des INDIVIDUS JUGÉS.	LEUR GRADE ou PROFESSION.	LIEUX de NAISSANCE.	ANALYSE DES JUGEMENS.	
860.	5.	Perperat (Pierre)	Fourrier au 2.ᵉ rég. d'infant. légère.	Marmande, dép.ᵗ de Lot-et-Garonne.	Accusé d'infidélité dans ses fonctions et d'escroquerie.	Déclaré non coupable; mais attendu qu'il a abusé de la confiance de plusieurs personnes, en leur empruntant différentes sommes d'argent qu'il se serait trouvé dans l'impossibilité de rembourser sans le secours du sieur *Brunie*, qui en a fait compte à plusieurs de ses créanciers, condamné à garder prison pendant deux mois, et sera mis ensuite à la disposition de l'État-major général de la division.
861.	5.	Julien (Pierre-Louis)	Soldat au 1.ᵉʳ rég. de la Garde de Paris.	Laigle, dép.ᵗ de l'Orne.	Accusé d'assassinat.	Acquitté et mis à la disposition de l'État-major général.
862.	5.	Petit (Louis-Marie-Joseph)	Grenad. au même corps.	Paris.	Accusé de vol envers un de ses camarades.	Acquitté; mais attendu qu'il a manqué à la délicatesse, en ne déclarant pas qu'il avait trouvé des effets qui depuis ont été réclamés, gardera prison pendant un mois; à l'expiration de cette peine, sera mis à la disposition de l'État-major général de la division.

Total des jugemens rendus par le 2.ᵉ Conseil de guerre permanent pendant le mois d'Avril 1806, ci. 3.

Total des individus jugés pendant le même mois par ce Conseil, ci...... { présens... 3. } 3.
{ contumax. 0. }

Pour extraits conformes aux expéditions desdits jugemens.

Le Général de Division,

NOGUÈS.

Au Quartier général, à Paris, le 9 Mai 1806.

ORDRE GÉNÉRAL.

Les Élèves de l'École Impériale militaire de Fontainebleau qui se se trouvent actuellement à Paris, en partiront avant lundi pour rejoindre leurs corps. Ceux qui, après cette époque, se trouveront encore en cette ville, seront punis sévèrement.

LOUIS NAPOLÉON.

Pour copie conforme :

Le Général de Division,

NOGUÈS.

GOUVERNEMENT DE PARIS.

1.re *DIVISION MILITAIRE.*
ÉTAT-MAJOR GÉNÉRAL.

Au quartier général, à Paris, le 11 Mai 1806.

SERVICE DE L'ÉTAT-MAJOR GÉNÉRAL.

Du 11 au 12 Mai.

L'Officier supérieur de service à l'État-major général..................	DURAND.
Officier de santé de service à l'État-major........................	DANTREVILLE.
Secrétaire de service à l'État-major................................	CORBET.

ORDRE GÉNÉRAL du 10 Mai.

Il y aura grande parade demain 11 du courant; les troupes s'y rendront dans la meilleure tenue possible. Leur inspection aura lieu place Vendôme, à dix heures et demie du matin.

Le Général de Division,

NOGUÈS.

GOUVERNEMENT DE PARIS.
1.re DIVISION MILITAIRE.
ÉTAT-MAJOR GÉNÉRAL.

Au quartier général, à Paris, le 12 Mai 1806.

SERVICE DE L'ÉTAT-MAJOR GÉNÉRAL.

Du 12 au 13 Mai.

L'Officier supérieur de service à l'État-major général.................. Debon.
Officier de santé de service à l'État-major......................... Poisson.
Secrétaire de service à l'État-major................................ Papet.

Rien de nouveau.

Le Général de Division,
NOGUÈS.

GOUVERNEMENT DE PARIS.
1.re DIVISION MILITAIRE.
ÉTAT-MAJOR GÉNÉRAL.

Au quartier général, à Paris, le 13 Mai 1806.

SERVICE DE L'ÉTAT-MAJOR GÉNÉRAL.

Du 13 au 14 Mai.

L'Officier supérieur de service à l'État-major général.................. DURAND.
Officier de santé de service à l'État-major........................... DANTREVILLE.
Secrétaire de service à l'Etat-major.................................. LAMOUREUX.

Rien de nouveau.

Le Général de Division,

NOGUÈS.

GOUVERNEMENT DE PARIS.
1.re DIVISION MILITAIRE.
ÉTAT-MAJOR GÉNÉRAL.

Au quartier général, à Paris, le 14 Mai 1806.

SERVICE DE L'ÉTAT-MAJOR GÉNÉRAL.

Du 14 au 15 Mai.

L'Officier supérieur de service à l'État-major général................. DEBON.
Officier de santé de service à l'État-major....................... POISSON.
Secrétaire de service à l'État-major............................. DESMOULINS.

Rien de nouveau.

Le Général de Division,

NOGUÈS.

GOUVERNEMENT DE PARIS.
1.re *DIVISION MILITAIRE.*
ÉTAT-MAJOR GÉNÉRAL.

Au quartier général, à Paris, le 15 Mai 1806.

SERVICE DE L'ÉTAT-MAJOR GÉNÉRAL.
Du 15 au 16 Mai.

L'Officier supérieur de service à l'État-major général................ DURAND.
Officier de santé de service à l'État-major........................ DANTREVILLE.
Secrétaire de service à l'Etat-major............................. PAPET.

Rien de nouveau.

Le Général de Division,
NOGUÈS.

GOUVERNEMENT DE PARIS.
1.ʳᵉ DIVISION MILITAIRE.
ÉTAT-MAJOR GÉNÉRAL.

Au quartier général, à Paris, le 16 Mai 1806.

SERVICE DE L'ÉTAT-MAJOR GÉNÉRAL.

Du 16 au 17 Mai.

L'Officier supérieur de service à l'État-major général................ DEBON.
Officier de santé de service à l'État-major........................ POISSON.
Secrétaire de service à l'État-major............................. CORBET.

ORDRE GÉNÉRAL du 16 Mai.

Les troupes du gouvernement de Paris et la première Division militaire, sont prévenues que, par décision de Sa Majesté l'Empereur et Roi, le Général de Brigade *Darmagnac* est employé dans la Division, et spécialement pour commander les trois Régimens de la garde de Paris, sous les ordres de son Altesse Sérénissime le Prince *Joachim*, Gouverneur de la ville de Paris.

Le Général de Division,

NOGUÈS.

GOUVERNEMENT DE PARIS.
1.re DIVISION MILITAIRE.
ÉTAT-MAJOR GÉNÉRAL.

Au quartier général, à Paris, le 17 Mai 1806.

SERVICE DE L'ÉTAT-MAJOR GÉNÉRAL.

Du 17 au 18 Mai.

L'Officier supérieur de service à l'État-major général.................. DURAND.
Officier de santé de service à l'État-major......................... DANTREVILLE.
Secrétaire de service à l'Etat-major............................... BRUNEL.

Rien de nouveau.

Le Général de Division,

NOGUÈS.

GOUVERNEMENT DE PARIS.
1.re DIVISION MILITAIRE.
ÉTAT-MAJOR GÉNÉRAL.

Au quartier général, à Paris, le 18 Mai 1806.

SERVICE DE L'ÉTAT-MAJOR GÉNÉRAL.

Du 18 au 19 Mai.

L'Officier supérieur de service à l'État-major général.................. DEBON.
Officier de santé de service à l'État-major......................... POISSON.
Secrétaire de service à l'État-major............................... LAMOUREUX.

ORDRE GÉNÉRAL du 18 Mai 1806.

Le Général de Brigade *Darmagnac*, nommé par Sa Majesté l'Empereur au commandement des trois Régimens de la Garde municipale, prendra connaissance, le plus promptement possible, de la situation de ces trois Corps, et m'en rendra compte. Les trois Régimens de la Garde municipale verront, dans la nomination du Général *Darmagnac*, une preuve de l'estime de Sa Majesté.

Signé LOUIS NAPOLÉON.

Pour copie conforme :
NOGUES, *Général de Division.*

GOUVERNEMENT DE PARIS.

1.re DIVISION MILITAIRE.
ÉTAT-MAJOR GÉNÉRAL.

Au quartier général, à Paris, le 19 Mai 1806.

SERVICE DE L'ÉTAT-MAJOR GÉNÉRAL.

Du 19 au 20 Mai.

L'Officier supérieur de service à l'État-major général.................. DURAND.
Officier de santé de service à l'État-major......................... DANTREVILLE.
Secrétaire de service à l'État-major............................... DESMOULINS.

ORDRE GÉNÉRAL du 19 Mai 1806.

2.e CONSEIL DE GUERRE PERMANENT.

Cejourd'hui treize mai mil huit cent six,
Nous, Jean-Baptiste-Joseph-Noël *Borrel*, Adjudant-Commandant, Officier de la Légion d'honneur, Président ;
Vu l'art. 464 de la loi du 3 brumaire an 4, et notre ordonnance de perquisition en date du 3 du courant ;
Ordonnons que le nommé *Jean-Pierre Prieur*, Adjudant des équipages militaires, traduit au Conseil de guerre pour y être jugé par contumace, sur le délit de malversations qui lui est imputé, soit déclaré rebelle à la loi ; qu'en conséquence il soit déchu du titre et des droits de citoyen Français ; que ses biens soient et demeurent séquestrés au profit de l'État pendant tout le temps de sa contumace ; que toute action en justice lui soit interdite, et qu'il soit procédé contre lui malgré son absence.
MANDONS et ordonnons de mettre la présente à exécution, laquelle, conformément à l'article 465 de la même loi, sera publiée et affichée, tant au domicile du contumax qu'à la porte de l'auditoire du Conseil.
Ordonnons que copie d'icelle sera transmise à M. le Général Chef de l'État major général de la Division ;
Chargeons M. *Vantage*, Substitut-Rapporteur, de surveiller l'exécution de la présente dans tout son contenu.
Ainsi ordonné, à Paris, les jour, mois et an que dessus, sous notre seing et scellé. *Signé* J. B. BORREL.

Le Rapporteur du 2.e Conseil de guerre, VANTAGE.

Pour copie conforme :

Le Général de Division,

NOGUÈS.

GOUVERNEMENT DE PARIS.
1.re DIVISION MILITAIRE.
ÉTAT-MAJOR GÉNÉRAL.

Au quartier général, à Paris, le 20 Mai 1806.

SERVICE DE L'ÉTAT-MAJOR GÉNÉRAL.

Du 20 au 21 Mai.

L'Officier supérieur de service à l'État-major général.................. DEBON.
Officier de santé de service à l'État-major......................... POISSON.
Secrétaire de service à l'État-major............................... BRUNEL.

Rien de nouveau.

Le Général de Division,
NOGUÈS.

GOUVERNEMENT DE PARIS.
1.re *DIVISION MILITAIRE.*
ÉTAT-MAJOR GÉNÉRAL.

Au quartier général, à Paris, le 21 Mai 1806.

SERVICE DE L'ÉTAT-MAJOR GÉNÉRAL.

Du 21 au 22 Mai.

L'Officier supérieur de service à l'État-major général.................. DURAND.
Officier de santé de service à l'État-major........................ DANTREVILLE.
Secrétaire de service à l'État-major............................. CORBET.

Rien de nouveau.

Le Général de Division,
NOGUÈS.

GOUVERNEMENT DE PARIS.

1.re *DIVISION MILITAIRE.*
ÉTAT-MAJOR GÉNÉRAL.

Au quartier général, à Paris, le 23 Mai 1806.

SERVICE DE L'ÉTAT-MAJOR GÉNÉRAL.

Du 23 au 24 Mai.

L'Officier supérieur de service à l'État-major général................	DURAND.
Officier de santé de service à l'État-major.......................	DANTREVILLE.
Secrétaire de service à l'État-major.............................	LAMOUREUX.

Rien de nouveau.

Le Général de Division,

NOGUÈS.

GOUVERNEMENT DE PARIS.

1.re *DIVISION MILITAIRE.*
ÉTAT-MAJOR GÉNÉRAL.

Au quartier général, à Paris, le 24 Mai 1806.

SERVICE DE L'ÉTAT-MAJOR GÉNÉRAL.

Du 24 au 25 Mai.

L'Officier supérieur de service à l'État-major général................... DEBON.
Officier de santé de service à l'État-major.......................... POISSON.
Secrétaire de service à l'État-major............................. DESMOULINS.

Rien de nouveau.

Le Général de Division,
NOGUÈS.

GOUVERNEMENT DE PARIS.

1.ʳᵉ *DIVISION MILITAIRE.*
ÉTAT-MAJOR GÉNÉRAL.

Au quartier général, à Paris, le 25 Mai 1806.

SERVICE DE L'ÉTAT-MAJOR GÉNÉRAL.

Du 25 au 26 Mai.

L'Officier supérieur de service à l'État-major général.................... DURAND.
Officier de santé de service à l'État-major........................... DANTREVILLE.
Secrétaire de service à l'État-major................................... PAPET.

Rien de nouveau.

Le Général de Division,
NOGUÈS.

GOUVERNEMENT DE PARIS.
1.ʳᵉ DIVISION MILITAIRE.
ÉTAT-MAJOR GÉNÉRAL.

Au quartier général, à Paris, le 26 Mai 1806.

SERVICE DE L'ÉTAT-MAJOR GÉNÉRAL.

Du 26 au 27 Mai.

L'Officier supérieur de service à l'État-major général.................. DEBON.
Officier de santé de service à l'État-major.......................... POISSON.
Secrétaire de service à l'État-major. .... CORBET.

Rien de nouveau.

Le Général de Division,
NOGUÈS.

GOUVERNEMENT DE PARIS.
1.re *DIVISION MILITAIRE.*
ÉTAT-MAJOR GÉNÉRAL.

Au quartier général, à Paris, le 27 Mai 1806.

SERVICE DE L'ÉTAT-MAJOR GÉNÉRAL.

Du 27 au 28 Mai.

L'Officier supérieur de service à l'État-major général................... Durand.
Officier de santé de service à l'État-major......................... Dantreville.
Secrétaire de service à l'État-major. .... Brunel.

Rien de nouveau.

Le Général de Division,

NOGUÈS.

GOUVERNEMENT DE PARIS.
1.re *DIVISION MILITAIRE.*
ÉTAT-MAJOR GÉNÉRAL.

Au quartier général, à Paris, le 28 Mai 1806.

SERVICE DE L'ÉTAT-MAJOR GÉNÉRAL.

Du 28 au 29 Mai.

L'Officier supérieur de service à l'État-major général.................... DEBON.
Officier de santé de service à l'État-major......................... POISSON.
Secrétaire de service à l'Etat-major............................. LAMOUREUX.

Rien de nouveau.

Le Général de Division,
NOGUÈS.

GOUVERNEMENT DE PARIS.
1.re DIVISION MILITAIRE.
ÉTAT-MAJOR GÉNÉRAL.

Au quartier général, à Paris, le 29 Mai 1806.

SERVICE DE L'ÉTAT-MAJOR GÉNÉRAL.

Du 29 au 30 Mai.

L'Officier supérieur de service à l'État-major général................. DURAND.
Officier de santé de service à l'État-major........................ DANTREVILLE.
Secrétaire de service à l'État-major............................. DESMOULINS.

Rien de nouveau.

Le Général de Division,
NOGUÈS.

GOUVERNEMENT DE PARIS.
1.re *DIVISION MILITAIRE.*
ÉTAT-MAJOR GÉNÉRAL.

Au quartier général, à Paris, le 30 Mai 1806.

SERVICE DE L'ÉTAT-MAJOR GÉNÉRAL.

Du 30 au 31 Mai.

L'Officier supérieur de service à l'État-major général.................... DEBON.
Officier de santé de service à l'État-major........................... POISSON.
Secrétaire de service à l'Etat-major................................. PAPET.

Rien de nouveau.

Le Général de Division,

NOGUÈS.

GOUVERNEMENT DE PARIS.

1.re DIVISION MILITAIRE.
ÉTAT-MAJOR GÉNÉRAL.

Au quartier général, à Paris, le 31 Mai 1806.

SERVICE DE L'ÉTAT-MAJOR GÉNÉRAL.

Du 31 Mai au 1.er Juin.

L'Officier supérieur de service à l'État-major général.................. DURAND.
Officier de santé de service à l'État-major......................... DANTREVILLE.
Secrétaire de service à l'État-major................................. CORBET.

Rien de nouveau.

Le Général de Division,

NOGUÈS.

GOUVERNEMENT DE PARIS.
1.re DIVISION MILITAIRE.
ÉTAT-MAJOR GÉNÉRAL.

Au quartier général, à Paris, le 1.er Juin 1806.

SERVICE DE L'ÉTAT-MAJOR GÉNÉRAL.

Du 1.er au 2 Juin.

L'Officier supérieur de service à l'État-major général................. DEBON.
Officier de santé de service à l'État-major....................... POISSON.
Secrétaire de service à l'État-major.............................. BRUNEL.

ORDRE GÉNÉRAL du 1.er Juin 1806.

Paris, le 10 mai 1806.

LE MINISTRE de la guerre,

A MM. les Généraux commandant les divisions, les Inspecteurs et Sous-inspecteurs aux revues, les Commissaires ordonnateurs et ordinaires des guerres, les Membres des Conseils d'administration des Corps de toutes armes.

SA MAJESTÉ L'EMPEREUR ET ROI a fixé, Messieurs, le délai passé lequel toutes demandes en paiement d'appointemens ou de solde pour service dans les colonies, ne pourront plus être accueillies. Voici la teneur du décret rendu, à ce sujet, par Sa Majesté :

Au Palais de Saint-Cloud, le 17 Avril 1806.

NAPOLÉON, EMPEREUR DES FRANÇAIS, ROI D'ITALIE ; sur le rapport de notre Ministre de la marine et des colonies, nous avons décrété et décrétons ce qui suit :

Art. 1.er Tous Officiers militaires, d'administration, Sous-officiers et Soldats ou autres salariés publics, venant des colonies, qui auront à réclamer des soldes, appointemens ou indemnités accessoires, pour raison de leurs services dans ces établissemens ou pour le temps de leur traversée, seront tenus de transmettre leurs demandes, avec les pièces justificatives en leur possession, à notre Ministre de la marine et des colonies ; savoir, dans le délai de trois mois, à compter de ce jour, à l'égard de ceux maintenant en France ; et dans le délai de trois mois du jour de leur débarquement, à l'égard de ceux qui y arriveront ; passé lequel temps les uns et les autres seront déchus de tous droits, et leurs demandes, sans autre examen, seront considérées comme non avenues.

2. A l'avenir, il sera fait mention de la mesure d'ordre prescrite par l'article 1.er, en tête de tous les livrets, décomptes et certificats de cessation de paiement expédiés dans nos colonies.

3. Notre Ministre de la marine et des colonies est chargé de l'exécution du présent décret, qui sera inséré au Bulletin des lois.

Signé NAPOLÉON.

Par l'Empereur :

Le Secrétaire d'état, signé HUGUES B. MARET.

Il est de l'intérêt des militaires que ce décret ait la plus grande publicité : en conséquence, les Généraux le feront connaître dans leurs divisions respectives par la voie de l'Ordre.

Les Inspecteurs et Sous-inspecteurs aux revues en donneront connaissance à tous les militaires qu'il pourrait concerner.

Les Commissaires ordonnateurs et ordinaires des guerres le notifieront à tous les militaires et autres agens de l'administration venant des colonies, à qui ils délivreraient des feuilles de route ou des coupons.

Enfin les Conseils d'administration en feront donner lecture à toutes les compagnies par les Capitaines.

Je vous salue avec considération.

Le Ministre de la guerre.

Par ordre de son Altesse le Prince ALEXANDRE, Ministre de la guerre,

L'Inspecteur en chef aux revues, Secrétaire général du Ministère de la guerre,

Signé DENNIÉE.

Pour copie conforme :

Le Général de Division,

NOGUÈS.

GOUVERNEMENT DE PARIS.
1.re DIVISION MILITAIRE.
ÉTAT-MAJOR GÉNÉRAL.

Au quartier général, à Paris, le 2 Juin 1806.

SERVICE DE L'ÉTAT-MAJOR GÉNÉRAL.

Du 2 au 3 Juin.

L'Officier supérieur de service à l'État-major général.................... DURAND.
Officier de santé de service à l'État-major......................... DANTREVILLE.
Secrétaire de service à l'État-major............................... LAMOUREUX.

Rien de nouveau.

Le Général de Division,
NOGUÈS.

GOUVERNEMENT DE PARIS.
1.re DIVISION MILITAIRE.
ÉTAT-MAJOR GÉNÉRAL.

Au quartier général, à Paris, le 3 Juin 1806.

SERVICE DE L'ÉTAT-MAJOR GÉNÉRAL.

Du 3 au 4 Juin.

L'Officier supérieur de service à l'État-major général.................... DEBON.
Officier de santé de service à l'État-major......................... POISSON.
Secrétaire de service à l'État-major............................. DESMOULINS.

Rien de nouveau.

Le Général de Division,
NOGUÈS.

GOUVERNEMENT DE PARIS.
1.re DIVISION MILITAIRE.
ÉTAT-MAJOR GÉNÉRAL.

Au quartier général, à Paris, le 4 Juin 1806.

SERVICE DE L'ÉTAT-MAJOR GÉNÉRAL.

Du 4 au 5 Juin.

L'Officier supérieur de service à l'État-major général.................... DURAND.
Officier de santé de service à l'État-major......................... DANTREVILLE.
Secrétaire de service à l'Etat-major............................... BRUNEL.

Rien de nouveau.

Le Général de Division,

NOGUÈS.

GOUVERNEMENT DE PARIS.
1.re DIVISION MILITAIRE.
ÉTAT-MAJOR GÉNÉRAL.

Au quartier général, à Paris, le 5 Juin 1806.

SERVICE DE L'ÉTAT-MAJOR GÉNÉRAL.

Du 5 au 6 Juin.

L'Officier supérieur de service à l'État-major général.................... DEBON.
Officier de santé de service à l'État-major......................... POISSON.
Secrétaire de service à l'Etat-major............................... CORBET.

Rien de nouveau.

L'Adjudant-commandant, Sous-chef de l'État-major.
DOUCET.

GOUVERNEMENT DE PARIS.
1.re DIVISION MILITAIRE.
ÉTAT-MAJOR GÉNÉRAL.

Au quartier général, à Paris, le 6 Juin 1806.

SERVICE DE L'ÉTAT-MAJOR GÉNÉRAL.

Du 6 au 7 Juin.

L'Officier supérieur de service à l'État-major général.................... DURAND.
Officier de santé de service à l'État-major......................... DANTREVILLE.
Secrétaire de service à l'État-major................................ PAPET.

Rien de nouveau.

L'Adjudant-commandant, Sous-chef de l'État-major,
DOUCET.

GOUVERNEMENT DE PARIS.
1.re *DIVISION MILITAIRE.*
ÉTAT-MAJOR GÉNÉRAL.

Au quartier général, à Paris, le 7 Juin 1806.

SERVICE DE L'ÉTAT-MAJOR GÉNÉRAL.

Du 7 au 8 Juin.

L'Officier supérieur de service à l'État-major général...................	DEBON.
Officier de santé de service à l'État-major.......................	POISSON.
Secrétaire de service à l'État-major.............................	LAMOUREUX.

Rien de nouveau.

L'Adjudant-commandant, Sous-chef de l'État-major.
DOUCET.

GOUVERNEMENT DE PARIS.
1.ʳᵉ *DIVISION MILITAIRE.*
ÉTAT-MAJOR GÉNÉRAL.

Au quartier général, à Paris, le 8 Juin 1806.

SERVICE DE L'ÉTAT-MAJOR GÉNÉRAL.

Du 8 au 9 Juin.

L'Officier supérieur de service à l'État-major général..................	DURAND.
Officier de santé de service à l'État-major.........................	DANTREVILLE.
Secrétaire de service à l'État-major................................	DESMOULINS.

Rien de nouveau.

L'Adjudant-commandant, Sous-chef de l'État-major,
DOUCET.

GOUVERNEMENT DE PARIS.
1.re DIVISION MILITAIRE.
ÉTAT-MAJOR GÉNÉRAL.

Au quartier général, à Paris, le 9 Juin 1806.

SERVICE DE L'ÉTAT-MAJOR GÉNÉRAL.

Du 9 au 10 Juin.

L'Officier supérieur de service à l'État-major général.................... DEBON.
Officier de santé de service à l'État-major........................... POISSON.
Secrétaire de service à l'État-major................................ BRUNEL.

Rien de nouveau.

L'Adjudant-commandant, Sous-chef de l'État-major,
DOUCET.

GOUVERNEMENT DE PARIS.
1.re DIVISION MILITAIRE.
ÉTAT-MAJOR GÉNÉRAL.

Au quartier général, à Paris, le 10 Juin 1806.

SERVICE DE L'ÉTAT-MAJOR GÉNÉRAL.

Du 10 au 11 Juin.

L'Officier supérieur de service à l'État-major général.................... DURAND.
Officier de santé de service à l'État-major.......................... DANTREVILLE.
Secrétaire de service à l'État-major............................... CORBET.

Rien de nouveau.

L'Adjudant-commandant, Sous-chef de l'État-major,
DOUCET.

GOUVERNEMENT DE PARIS.
1.ʳᵉ *DIVISION MILITAIRE.*
ÉTAT-MAJOR GÉNÉRAL.

Au quartier général, à Paris, le 11 Juin 1806.

SERVICE DE L'ÉTAT-MAJOR GÉNÉRAL.

Du 11 au 12 Juin.

L'Officier supérieur de service à l'État-major général....................	DEBON.
Officier de santé de service à l'État-major........................	POISSON.
Secrétaire de service à l'État-major.............................	PAPET.

ORDRE GÉNÉRAL du 10 Juin.

MM. les Généraux, Officiers supérieurs, Commandans d'armes, &c., ainsi que les Troupes employées dans le Gouvernement de Paris et de la 1.ʳᵉ Division militaire, sont prévenus que S. A. S. le Prince *Joachim*, Duc de Clèves et de Berg, reprend, à commencer de ce jour, le gouvernement de Paris et le commandement de la 1.ʳᵉ Division militaire.

L'Adjudant-commandant, Sous-chef de l'État-major.

DOUCET.

GOUVERNEMENT DE PARIS.
1.re DIVISION MILITAIRE.
ÉTAT-MAJOR GÉNÉRAL.

Au quartier général, à Paris, le 12 Juin 1806.

SERVICE DE L'ÉTAT-MAJOR GÉNÉRAL.

Du 12 au 13 Juin.

L'Officier supérieur de service à l'État-major général................... DURAND.
Officier de santé de service à l'État-major........................ DANTREVILLE.
Secrétaire de service à l'État-major............................. LAMOUREUX.

Rien de nouveau.

L'Adjudant-commandant, Sous-chef de l'État-major.
DOUCET.

GOUVERNEMENT DE PARIS.
1.re DIVISION MILITAIRE.
ÉTAT-MAJOR GÉNÉRAL.

Au quartier général, à Paris, le 13 Juin 1806.

SERVICE DE L'ÉTAT-MAJOR GÉNÉRAL.

Du 13 au 14 Juin.

L'Officier supérieur de service à l'État-major général.................... DEBON.
Officier de santé de service à l'État-major........................... POISSON.
Secrétaire de service à l'État-major................................ DESMOULINS.

Rien de nouveau.

L'Adjudant-commandant, Sous-chef de l'État-major.
DOUCET.

GOUVERNEMENT DE PARIS.
1.re *DIVISION MILITAIRE.*
ÉTAT-MAJOR GÉNÉRAL.

Au quartier général, à Paris, le 14 Juin 1806.

SERVICE DE L'ÉTAT-MAJOR GÉNÉRAL.

Du 14 au 15 Juin.

L'Officier supérieur de service à l'État-major général...................	DURAND.
Officier de santé de service à l'État-major.........................	DANTREVILLE.
Secrétaire de service à l'Etat-major.............................	BRUNEL.

Rien de nouveau.

L'Adjudant-commandant, Sous-chef de l'État-major,
DOUCET.

GOUVERNEMENT DE PARIS.

1.ʳᵉ DIVISION MILITAIRE.
ÉTAT-MAJOR GÉNÉRAL.

Au quartier général, à Paris, le 15 Juin 1806.

SERVICE DE L'ÉTAT-MAJOR GÉNÉRAL.

Du 15 au 16 Juin.

L'Officier supérieur de service à l'État-major général.................... DEBON.
Officier de santé de service à l'État-major.......................... POISSON.
Secrétaire de service à l'État-major............................. CORBET.

ORDRE GÉNÉRAL.

Conformément aux ordres de son Altesse Sérénissime Monseigneur le Prince *Joachim*, Grand-Amiral de France, Duc de Clèves et de Berg, Gouverneur de Paris, et commandant en chef la 1.ʳᵉ Division militaire, les Troupes de la garnison de Paris et celles employées dans ladite Division sont prévenues qu'à compter de demain lundi 16 Juin, la distribution du vinaigre leur sera faite journellement pendant tout le temps que les chaleurs de la saison rendront nécessaire ce correctif de l'insalubrité des eaux.

Les Militaires détenus dans les maisons d'arrêts de Montaigu, de l'Abbaye, et des autres places de la Division, participeront à cette distribution.

Extrait des Jugemens rendus par le 2.ᵉ Conseil de guerre permanent de la 1.ʳᵉ Division militaire, pendant le mois de Mai 1806.

NUMÉROS des Jugemens	DATES	NOMS ET PRÉNOMS des INDIVIDUS JUGÉS.	LEUR GRADE ou PROFESSION.	LIEUX de NAISSANCE.	ANALYSE DES JUGEMENS.	
864.	13.	Saint-Lannes *(Jean)*.....	Chasseur au 2.ᵉ régiment d'infanterie légère.	Montesquieu, départem.ᵗ de Lot-ct-Garonne.	Convaincu de vol d'argent à un de ses camarades.	Condamné à six années de fers et à la dégradation militaire.
865.	idem.	Lambottin *(Jean-Félix)*..	Déserteur du 2.ᵉ régiment de dragons.	Wiseppe, département de la Meuse.	Accusé de faux en écritures publiques et authentiques.	Renvoyé devant la cour de justice criminelle spéciale du département de la Seine.
866.	26.	Choppart *(Gilbert)*.....	Grenadier au 1.ᵉʳ régiment de la Garde de Paris.	Paris.	Convaincu de vol d'effets appartenant à un de ses camarades.	Condamné à six années de fers et à la dégradation militaire.
867.	idem.	Cheval *(André-Victor)*...	Dragon au 15.ᵉ régiment.	Versailles, département de Seine-et-Oise.	Convaincu de voies de fait envers un vétéran.	Condamné à un mois de prison.
		Caqueray *Isidor)*.......	Idem.	Boyon, département de la Seine-Inférieure.	Idem.	Idem.

TOTAL des jugemens rendus par le 1.ᵉʳ Conseil de guerre permanent pendant le mois de Mai 1806, ci.. 4.

TOTAL des individus jugés pendant le même mois par ce Conseil, ci......... { Présens.. 5. / Contumax 0. }

Pour extrait conforme aux expéditions desdits jugemens.

L'Adjudant-commandant, Sous-chef de l'État-major du Gouvernement de Paris,

DOUCET.

GOUVERNEMENT DE PARIS.
1.re DIVISION MILITAIRE.
ÉTAT-MAJOR GÉNÉRAL.

Au quartier général, à Paris, le 16 Juin 1806.

SERVICE DE L'ÉTAT-MAJOR GÉNÉRAL.

Du 16 au 17 Juin.

L'Officier supérieur de service à l'État-major général.................... DURAND.
Officier de santé de service à l'État-major........................... DANTREVILLE.
Secrétaire de service à l'État-major............................. PAPET.

Rien de nouveau.

L'Adjudant-Commandant, Sous-chef de l'État-major général du Gouvernement de Paris,
DOUCET.

GOUVERNEMENT DE PARIS.
1.re DIVISION MILITAIRE.
ÉTAT-MAJOR GÉNÉRAL.

Au quartier général, à Paris, le 17 Juin 1806.

SERVICE DE L'ÉTAT-MAJOR GÉNÉRAL.

Du 17 au 18 Juin.

L'Officier supérieur de service à l'État-major général.................... DEBON.
Officier de santé de service à l'État-major........................ POISSON.
Secrétaire de service à l'État-major............................. LAMOUREUX.

Rien de nouveau.

L'Adjudant-Commandant, Sous-chef de l'État-major général du Gouvernement de Paris,

DOUCET.

GOUVERNEMENT DE PARIS.
1.ʳᵉ *DIVISION MILITAIRE.*
ÉTAT-MAJOR GÉNÉRAL.

Au quartier général, à Paris, le 18 Juin 1806.

SERVICE DE L'ÉTAT-MAJOR GÉNÉRAL.

Du 18 au 19 Juin.

L'Officier supérieur de service à l'État-major général.................. DURAND.
Officier de santé de service à l'État-major....................... DANTREVILLE.
Secrétaire de service à l'État-major............................. BRUNEL.

Rien de nouveau.

L'Adjudant-Commandant, Sous-chef de l'État-major général du Gouvernement de Paris,
DOUCET.

GOUVERNEMENT DE PARIS.
1.re DIVISION MILITAIRE.
ÉTAT-MAJOR GÉNÉRAL.

Au quartier général, à Paris, le 19 Juin 1866.

SERVICE DE L'ÉTAT-MAJOR GÉNÉRAL.

Du 19 au 20 Juin.

L'Officier supérieur de service à l'État-major général...................... DEBON.
Officier de santé de service à l'État-major.......................... POISSON.
Secrétaire de service à l'État-major............................... DESMOULINS.

Rien de nouveau.

L'Adjudant-Commandant, Sous-chef de l'État-major général du Gouvernement de Paris,

DOUCET.

GOUVERNEMENT DE PARIS.

1.re *DIVISION MILITAIRE.*
ÉTAT-MAJOR GÉNÉRAL.

Au quartier général, à Paris, le 20 Juin 1806.

SERVICE DE L'ÉTAT-MAJOR GÉNÉRAL.

Du 20 au 21 Juin.

L'Officier supérieur de service à l'État-major général................... DURAND.
Officier de santé de service à l'État-major........................ DANTREVILLE.
Secrétaire de service à l'État-major............................. CORBET.

Rien de nouveau.

L'Adjudant-Commandant, Sous-chef de l'État-major général du Gouvernement de Paris,

DOUCET.

GOUVERNEMENT DE PARIS.
1.re *DIVISION MILITAIRE.*
ÉTAT-MAJOR GÉNÉRAL.

Au quartier général, à Paris, le 21 Juin 1806.

SERVICE DE L'ÉTAT-MAJOR GÉNÉRAL.

Du 21 au 22 Juin.

L'Officier supérieur de service à l'État-major général..................	DEBON.
Officier de santé de service à l'État-major.........................	POISSON.
Secrétaire de service à l'Etat-major...............................	PAPET.

Rien de nouveau.

L'Adjudant-Commandant, Sous-chef de l'État-major général du Gouvernement de Paris,

DOUCET.

GOUVERNEMENT DE PARIS.
1.re DIVISION MILITAIRE.
ÉTAT-MAJOR GÉNÉRAL.

Au quartier général, à Paris, le 22 Juin 1806.

SERVICE DE L'ÉTAT-MAJOR GÉNÉRAL.

Du 22 au 23 Juin.

L'Officier supérieur de service à l'État-major général.................... DURAND.
Officier de santé de service à l'État-major......................... DANTREVILLE.
Secrétaire de service à l'État-major............................... LAMOUREUX.

Rien de nouveau.

L'Adjudant-Commandant, Sous-chef de l'État-major général du Gouvernement de Paris,
DOUCET.

GOUVERNEMENT DE PARIS.
1.re DIVISION MILITAIRE.
ÉTAT-MAJOR GÉNÉRAL.

Au quartier général, à Paris, le 23 Juin 1806.

SERVICE DE L'ÉTAT-MAJOR GÉNÉRAL.

Du 23 au 24 Juin.

L'Officier supérieur de service à l'État-major général.................... DEBON.
Officier de santé de service à l'État-major........................... POISSON.
Secrétaire de service à l'État-major................................. DESMOULINS.

Rien de nouveau.

L'Adjudant-Commandant, Sous-chef de l'État-major général du Gouvernement de Paris,
DOUCET.

GOUVERNEMENT DE PARIS.
1.re DIVISION MILITAIRE.
ÉTAT-MAJOR GÉNÉRAL.

Au quartier général, à Paris, le 24 Juin 1806.

SERVICE DE L'ÉTAT-MAJOR GÉNÉRAL.

Du 24 au 25 Juin.

L'Officier supérieur de service à l'État-major général.................... DURAND.
Officier de santé de service à l'État-major......................... DANTREVILLE.
Secrétaire de service à l'État-major............................... BRUNEL.

Rien de nouveau.

L'Adjudant-Commandant, Sous-chef de l'État-major général du Gouvernement de Paris,
DOUCET.

GOUVERNEMENT DE PARIS.
1.re DIVISION MILITAIRE.
ÉTAT-MAJOR GÉNÉRAL.

Au quartier général, à Paris, le 25 Juin 1806.

SERVICE DE L'ÉTAT-MAJOR GÉNÉRAL.

Du 25 au 26 Juin.

L'Officier supérieur de service à l'État-major général.................. DEBON.
Officier de santé de service à l'État-major......................... POISSON.
Secrétaire de service à l'État-major............................. CORBET.

Nouvelle répartition du service entre Messieurs les Commissaires des Guerres employés à Paris.

MESSIEURS.	ATTRIBUTIONS.	DOMICILES.
FRADIEL............	Les Conseils de guerre............ Les Maisons d'arrêts............ La Caserne Rousselet............ Les Routes............ Les Convois militaires............ Le Dépôt central des médicamens............	Rue S.-Dominique, maison S.-Joseph.
LE PELLETIER......	La Solde de retraite............ Le Traitement de réforme............ Les Subsistances militaires............ Le Magasin d'habillement et campement............ Les Transports de l'intérieur de la place............ Le chauffage et éclairage des corps-de-garde............	Idem.
VAIGNEDROYE......	L'État-Major............ Les détails relatifs à l'administration des troupes............ L'Hôpital militaire du Val-de-Grâce............ La Gendarmerie............ Le Casernement des Troupes............	A l'État-major, rue Neuve des Capucines.
QUILLET, adjoint......	L'Hôpital militaire de Saint-Denis............ Le Magasin central des Hôpitaux............ L'Artillerie............ Les Transports directs............	Rue S.-Dominique, maison S.-Joseph.

ARRÊTÉ le présent, par nous Commissaire ordonnateur de la 1.re Division militaire. Paris, le 20 Juin 1806.

DUBRETON.

L'Adjudant-Commandant, Sous-chef de l'État-major général du Gouvernement de Paris,

DOUCET.

GOUVERNEMENT DE PARIS.
1.ʳᵉ DIVISION MILITAIRE.
ÉTAT-MAJOR GÉNÉRAL.

Au quartier général, à Paris, le 26 Juin 1806.

SERVICE DE L'ÉTAT-MAJOR GÉNÉRAL.

Du 26 au 27 Juin.

L'Officier supérieur de service à l'État-major général..................	DURAND.
Officier de santé de service à l'État-major.........................	DANTREVILLE.
Secrétaire de service à l'Etat-major.............................	PAPET.

Rien de nouveau.

L'Adjudant-commandant, Sous-chef de l'État-major général du Gouvernement de Paris,
DOUCET.

GOUVERNEMENT DE PARIS.
1.re *DIVISION MILITAIRE.*
ÉTAT-MAJOR GÉNÉRAL.

Au quartier général, à Paris, le 27 Juin 1806.

SERVICE DE L'ÉTAT-MAJOR GÉNÉRAL.

Du 27 au 28 Juin.

L'Officier supérieur de service à l'État-major général.................... DEBON.
Officier de santé de service à l'État-major......................... POISSON.
Secrétaire de service à l'Etat-major............................. LAMOUREUX.

Rien de nouveau.

L'Adjudant-commandant, Sous-chef de l'État-major général du Gouvernement de Paris,
DOUCET.

GOUVERNEMENT DE PARIS.
1.re DIVISION MILITAIRE.
ÉTAT-MAJOR GÉNÉRAL.

Au quartier général, à Paris, le 28 Juin 1806.

SERVICE DE L'ÉTAT-MAJOR GÉNÉRAL.

Du 28 au 29 Juin.

L'Officier supérieur de service à l'État-major général.................... DURAND.
Officier de santé de service à l'État-major.......................... DANTREVILLE.
Secrétaire de service à l'Etat-major................................ BRUNEL.

Rien de nouveau.

L'Adjudant-commandant, Sous-chef de l'État-major général du Gouvernement de Paris;
DOUCET.

GOUVERNEMENT DE PARIS.
1.re DIVISION MILITAIRE.
ÉTAT-MAJOR GÉNÉRAL.

Au quartier général, à Paris, le 29 Juin 1806.

SERVICE DE L'ÉTAT-MAJOR GÉNÉRAL.

Du 29 au 30 Juin.

L'Officier supérieur de service à l'État-major général.................... DEBON.
Officier de santé de service à l'État-major......................... POISSON.
Secrétaire de service à l'Etat-major............................. DESMOULINS.

ORDRE GÉNÉRAL du 29 Juin 1806.

Paris, le 20 Juin 1806.

LE MINISTRE Directeur de l'Administration de la guerre,

AUX Généraux commandans les Divisions militaires, et aux Commissaires ordonnateurs.

Je vous préviens, Messieurs, que Sa Majesté a décrété, le 11 juin dernier,

1.° Qu'à dater du 1.er juillet prochain, les Corps seraient chargés de pourvoir au chauffage et à l'éclairage de leurs corps-de-gardes de police lorsqu'ils seront composés de deux cents hommes au moins ;

2.° Que ces corps-de-gardes de police ne seraient que de quatrième classe, toutes les fois que les détachemens qui devront les entretenir n'excéderont pas deux cents hommes;

3.° Que lorsqu'un Régiment sera réuni en entier ou par Bataillon dans une même Place, la classe des corps-de-gardes de Police serait déterminée par le Commandant de la Place.

Il résulte de ces dispositions, que tous les corps-de-gardes de Police, soit qu'ils ne servent uniquement qu'à maintenir le bon ordre parmi les troupes, soit qu'ils servent en même-temps à la sûreté de la Place, et qu'ils fournissent des patrouilles, seront chauffés et éclairés sur les fonds de la masse de chauffage des Corps. La distinction que j'avais établie à cet égard, par une Circulaire du 13 nivôse an 12, est en conséquence annullée à partir du 1.er juillet prochain.

J'invite MM. les Généraux commandans les Divisions, à faire connaître ces nouvelles dispositions aux Commandans d'armes et aux Troupes sous leurs ordres.

Je recommande à MM. les Commissaires ordonnateurs de prescrire aux Commissaires des guerres de ne plus faire fournir le chauffage aux corps-de-garde de Police, et de ne plus comprendre ces postes dans leurs revues mensuelles.

J'ai l'honneur de vous saluer,

Signé DEJEAN.

Pour copie conforme :

L'Adjudant-commandant, Sous-chef de l'Etat-major général du Gouvernement de Paris,
DOUCET.

GOUVERNEMENT DE PARIS.
ÉTAT-MAJOR DE LA GARNISON.

ORDRE du 29 Juin 1806.

SERVICE DE L'ÉTAT-MAJOR DE LA GARNISON DE PARIS.

Du 29 au 30 Juin.

Adjudant de Place de service à l'État-major..........................	SANSON.
Adjudant de Place de ronde de nuit..............................	VILLERS.

Visite aux Casernes, Prisons et Hôpital.

Rive droite de la Seine : le Capitaine-Adjudant de Place...............	VILLERS.
Rive gauche : le Capitaine-Adjudant de Place........................	GRAILLARD.

Du 30 Juin au 1.er Juillet.

Adjudant de Place de service à l'État-major..........................	VIART.
Adjudant de Place de ronde de nuit..............................	GRAILLARD.

Visite aux Casernes, Prisons et Hôpital.

Rive droite de la Seine : le Capitaine-Adjudant de Place...............	GRAILLARD.
Rive gauche : le Lieutenant-Adjudant de Place.......................	SANSON.

ORDRE GÉNÉRAL du 29 Juin 1806.

Paris, le 20 Juin 1806.

LE MINISTRE *Directeur de l'Administration de la guerre,*

Aux Généraux commandans les Divisions militaires, et aux Commissaires ordonnateurs.

    Je vous préviens, Messieurs, que Sa Majesté a décrété, le 11 juin dernier,
    1.° Qu'à dater du 1.er juillet prochain, les Corps seraient chargés de pourvoir au chauffage et à l'éclairage de leurs corps-de-gardes de police lorsqu'ils seront composés de deux cents hommes au moins ;
    2.° Que ces corps-de-gardes de police ne seraient que de quatrième classe, toutes les fois que les détachemens qui devront les entretenir n'excéderont pas deux cents hommes ;
    3.° Que lorsqu'un Régiment sera réuni en entier ou par Bataillon dans une même Place, la classe des corps-de-gardes de Police serait déterminée par le Commandant de la Place.
    Il résulte de ces dispositions, que tous les corps-de-gardes de Police, soit qu'ils ne servent uniquement qu'à maintenir le bon ordre parmi les troupes, soit qu'ils servent en même-temps à la sûreté de la Place, et qu'ils fournissent des patrouilles, seront chauffés et éclairés sur les fonds de la masse de chauffage des Corps. La distinction que j'avais établie à cet égard, par une Circulaire du 13 nivôse an 12, est en conséquence annullée à partir du 1.er juillet prochain.
    J'invite MM. les Généraux commandans les Divisions, à faire connaître ces nouvelles dispositions aux Commandans d'armes et aux Troupes sous leurs ordres.
    Je recommande à MM. les Commissaires ordonnateurs de prescrire aux Commissaires des guerres de ne plus faire fournir le chauffage aux corps-de-garde de Police, et de ne plus comprendre ces postes dans leurs revues mensuelles.

J'ai l'honneur de vous saluer,

Signé DEJEAN.

Pour copie conforme :

L'Adjudant-commandant, Sous-chef de l'État-major général du Gouvernement de Paris,

DOUCET.

www.ingramcontent.com/pod-product-compliance
Lightning Source LLC
Chambersburg PA
CBHW050738170426
43202CB00013B/2290